全新教养

这样读懂孩子心理

马志国 · 著

黑龙江科学技术出版社
HEILONGJIANG SCIENCE AND TECHNOLOGY PRESS

图书在版编目（CIP）数据

全新教养：这样读懂孩子心理 / 马志国著. -- 哈尔滨 : 黑龙江科学技术出版社, 2019.3

ISBN 978-7-5388-9913-9

Ⅰ.①全… Ⅱ.①马… Ⅲ.①儿童教育 – 家庭教育Ⅳ.①G782

中国版本图书馆CIP数据核字(2018)第284934号

全新教养：这样读懂孩子心理

QUAN XIN JIAOYANG:ZHEYANG DU DONG HAIZI XINLI

马志国

项 目 总 监	薛方闻	
项 目 策 划	罗 琳 张 凤	
责 任 编 辑	回 博 罗 琳	
出 版	黑龙江科学技术出版社	
	地址 : 哈尔滨市南岗区公安街 70-2 号 邮编 : 150007	
	电话 :（0451）53642106 传真 :（0451）53642143	
	网址 : www.lkcbs.cn	
发 行	全国新华书店	
印 刷	北京市通州兴龙印刷厂	
开 本	787 mm × 1092 mm 1/16	
印 张	19	
字 数	280 千字	
版 次	2019 年 3 月第 1 版	
印 次	2019 年 3 月第 1 次印刷	
书 号	ISBN 978-7-5388-9913-9	
定 价	42.00 元	

感知成长的奇迹

小外孙还有16天就过第一个生日了，这一天，我的小外孙竟然会自己走路了。他迈开两条小腿，两只小脚踱着，走出去老远老远——没有摇摇晃晃，更没有趔趔趄趄，真是一步一个脚印。

一个多月前，小外孙就可以让人领着迈步了。从那时起，全家尤其是孩子姥姥就盼着他早一天可以自己走路。她时常说起谁家的孩子是13个月会走的，谁家的孩子是12个月会走的，谁家的孩子是11个月会走的，谁家的孩子10个月就会走了……于是一有机会，孩子姥姥就让小外孙学走路。她把小外孙放在地上，然后离开两步远逗引他："来，过来，走过来。"可是，小外孙似乎并不给姥姥面子，还是站在那里伸出小手"啊啊"地要人领。几天下来，训练基本没有什么成效。既然达不到目的，孩子姥姥也就放下了所谓的训练。不想就在那一天，小外孙却突然自己就会走路了，这对全家人来说堪称一个"奇迹"。

兴奋之余，我忽然想到：为什么训练不见成效，训练搁置了，"奇迹"却突然降临了？

细细想来，这个"奇迹"并不奇，也不突然，这只是一个从量变到质变的自然过程。"奇迹"发生之前，是准备的过程、蓄势的过程、积累的过程、储备能量的过程、逐渐发育成熟的过程。所谓突发的"奇迹"，不过是这个过程发展到了质变阶段的一种表现，一种自然而然的现象。

心理学家早就有过实验。研究者把幼儿分为两组，一组提前训练爬行，一组不做训练。训练组似乎早两天学会了爬行，可是没几天不训练组也学会了爬行，而且很快就赶上了训练组。心理学上把这种现象叫作"自然成熟"。看来，孩子的发展许多时候是一个自然成熟的过程，所谓奇迹也是一种自然成熟的结果。

一家杂志曾经就心理健康问题对我进行专访，让我谈几句对家长的建议。我说道，我们的很多家长都怕孩子"输在起跑线上"，都在想方设法地训练孩子。可训练来训练去，到头来训成"神童"的还是没几个。这是因为，不顾自然法则，违反发展规律，急功近利，心急火燎，不但无效，反而会有害——害得大多数孩子仿佛都成了"输家"。

就人的发展来说，制约的因素太多，发展的速度、发展的水平、发展的趋向更是千差万别。这千差万别之中，绝大多数孩子都属于常态的发展，快点慢点，高点低点，又有什么输赢可分？

只要顺其自然，顺应人的成长规律，顺应每个孩子的天性，每个孩子就会得到应有的发展，每个孩子就都是人生的赢家，每个孩子身上就都会出现成长的奇迹。

一句话，成长奇迹出自然，顺其自然是家教的根本法则。

所谓顺其自然，从心理学角度说，就是顺应孩子的心理年龄特征，顺应孩子的心理发展规律，进而促进孩子的心理健康成长。

俗话说，"三岁看大，七岁看老"。心理学告诉我们，幼儿阶段确实是孩子心理发展的关键期，不论是在智力因素发展上，还是在非智力因素发展上，都会在很大程度上制约孩子一生的发展水平。由此说来，顺应幼儿的心理年龄特征，顺应幼儿的心理发展规律，进而促进幼儿的心理健康成长是至关重要的。

那么，孩子在幼儿阶段有哪些心理特点？家长该采取哪些养育对策？在养育孩子的道路上，你是不是经常会遇到这些问题：

孩子有了消极情绪怎么办？

孩子被同伴打了怎么办？

孩子被老人溺爱怎么办？

孩子不喜欢学习怎么办？

教育孩子错过关键期怎么办？

幼小衔接，父母应该怎么办？

……

这些，都是家长们迫切关注的，也正是本书要告诉读者的。

本书精选了90个最有代表性的家庭教育故事，结合幼儿家庭教育中的心理热点，处处剖析家长在幼儿家教过程中的心灵困惑，时时记录家长在家教中的心路历程，通过家长自述、心理解析及专家建议的模式，呈现真实场景，为家长量身定制了应对策略。90个典型家庭教育问题都有解决方案，家长看完目录就能对号入座，直接寻找心理解析和解决问题的方法，既节约时间又能高效解决问题。同时，本书增加了互动性设计，家长通过心理测试更了解自己的孩子，从而思考如何科学地读懂孩子的心理秘密。

为了帮家长朋友更好地陪孩子健康成长，本书中有问题，有案例，有故事，具有可读性；书中有解析，有探究，讲究科学性；书中有建议，有方法，有对策，突出实用性；用权威、专业、有效的指引方法分享教育智慧，带家长走出教育误区。

虽然我做了最大努力，但是书中还难免会有不足。如果能够得到读者的指点，便是我的幸运了。欢迎读者朋友与我交流。

马志国
戊戌夏月于空心斋

目 录
Contents

第一章 你的焦虑来自不懂孩子的心
——探索幼儿的成长心理

第二章 最好的教育在家庭
——幼儿与家人的沟通心理

目 录

Contents

第三章 让学习成为一件简单的事
——幼儿的才智心理发展

第四章 在与人的交往中认识世界
——幼儿的人际心理发展

目录
Contents

第 一 章

你的焦虑来自不懂孩子的心
——探索幼儿的成长心理

宝宝为何抓咬妈妈？

乖孩子怎么变不乖了？

孩子讨人烦了怎么办？

孩子发脾气就大喊大叫怎么办？

孩子太依赖家长怎么办？

孩子对性好奇怎么办？

孩子为什么喜欢在墙上涂鸦？

孩子会讨价还价了怎么办？

······

当孩子出现上面的问题时，家长该怎么办？

宝宝抓咬妈妈是为了表达情绪

我的宝宝现在1岁半，已经长了16颗牙齿了，本来挺可爱的，可是最近我却发现他有一个毛病。我和他玩的时候，有时候玩得正高兴，他就会忽然向我胳膊上或肩上咬一口。我笑着说疼，可是越让他松口，他越是咬住不放，咬得特别疼。有时候，他还会突然伸手抓我脸，我笑着逗他说，谁让你打人的？这下他更来劲了，真的伸手打我。还有，陌生人在场的时候，他也这样抓我，咬我。请问，宝宝这样究竟是怎么回事呢？我该怎么办？

——宝妈的烦恼

听听专家怎么说 咬人是孩子表达情绪的方式

心理学告诉我们，咬人，也包括咬东西，和吸吮反射一样，是人类最原始的本能。咬人的本能深深地埋藏在下意识中。对小孩子来说，尤其对两岁前的孩子来说，咬人是他们表达情绪的方式。因为他们不知道除此之外还有什么更好的表达方式。有时候孩子伸手抓人或打人，也是这个道理，也是为了表达情绪。于是，我们经常看到孩子会咬人或者打人。但是，孩子这种咬人或打人，都是对亲近的人，而且往往是有外人在场的时候。很多人在一起，谁跟孩子最亲近，孩子就这样对谁，首先是对妈妈。当然，有时候是抓咬自己。

可以说，孩子这时候咬人或打人，也是这个成长阶段的一种自然表现。因此，如果孩子咬人了，父母在批评管教之前，要先了解这种行为背后隐藏的原因，再采取相应的对策。

专家教你这样做 / **咬人是成长的自然表现**

孩子出现咬人或打人的情况该怎样应对？为了更有针对性，我们要针对不同的情况来对症下药。下面这些家长遇到的情况很有代表性，可以供大家参考。

案例一：因为"我不舒服"

宝妈：我的宝宝6个月了，经常哭闹，哭急了还咬自己的脚趾，我又不敢抱，以免孩子产生依赖心理，难道就任他咬脚趾吗？

专家：这种情况下，家长常怕宠坏孩子而采用冷处理的方法，但孩子发脾气的同时还咬自己的手指或脚趾，是因为孩子感觉不舒服，而向父母发出求救信号。因此，当孩子哭闹时，家长首先要查明孩子是否有生理需求，是不是躺得不舒服，还是肚子痛，或者是该出牙了。如果是出牙引起的疼痛，可以给孩子一些可以咬的玩具和吃固体食物，以用来磨牙和锻炼咀嚼功能。

案例二：因为"我好害怕"

宝妈：我的宝宝现在1岁多，一个人的时候常常莫名其妙地咬人、掐人，不知道他是不是有什么疾病？

专家：1岁的孩子还不会用语言表达他的意愿和感受，如果大人忽视孩子的安全需求，让他一个人独自玩耍，会导致他对陌生环境的恐惧。这时候，咬人就可能成为孩子保护自己、战胜恐惧的唯一方式。因此，为了帮助孩子重拾安全感，大人需要更多的耐心和爱心。不要因为孩子胆小而笑话他，惩罚他。最好的办法是经常和孩子交谈，反复告诉他，你是多么爱他，你保护

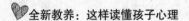

着他, 不允许任何人伤害他。一段时间后恐惧感自然会消失, 孩子也不会再咬人了。

案例三: 因为"我好爱你"

宝妈: 见开头的案例。

专家: 这是孩子在表达爱, 表达喜欢, 表达亲近。孩子的心里话是: 我忍不住咬一口, 忍不住抓一把, 是表达对妈妈的喜爱之情啊! 有陌生人在场的时候抓妈妈, 意思是说: 她是我妈妈, 是我最亲近的人。从而心里得到安慰。因此, 妈妈应尽量克制情绪, 以抱抱亲亲的方式来表达对他的爱; 要明确地告诉孩子"妈妈疼", 可以让他试着咬自己的手指, 问问他"疼不疼", 让他亲身感觉一下疼痛; 此外, 需要告诉孩子, 抓人咬人不是表达喜欢之情的最佳方式, 引导他用语言、手势、拥抱表达情感, 比如, 孩子伸手抓人, 可以攥住他的手说: "来, 这样, 温柔地摸摸妈妈。"孩子张嘴咬人, 可以引导他说: "来, 这样, 温柔地亲亲妈妈。"慢慢地, 孩子就会用温柔的方式表达亲近了。

案例四: 因为"我需要关注"

宝妈: 我先生工作很忙, 每天很晚才回家, 儿子迎接爸爸归来的方式很特别, 总是咬他大腿。我们能做些什么改变现状呢?

专家: 孩子只咬爸爸, 而不咬妈妈, 可能是爸爸和他相处的时间太少了, 他用这种行为方式表示不满。和孩子相处的时间长短不是最重要, 关键是如何共度亲子时光。因此, 最好每天固定一个专门属于孩子的亲子互动时间, 如全家一起做游戏, 这是增进感情的最佳选择。

案例五: 因为"我很愤怒"

宝妈: 我的宝宝快两岁了, 总爱咬小朋友, 我们想了许多方法也不管用,这是不是和他爸爸有时打他有关呢?

专家:如果家长经常打骂孩子,孩子很可能会去咬小朋友。这是情感转移,把自己内心的愤怒和不满发泄在其他小朋友身上,同时也可以说是他在模仿大人的行为。因此,家长要高度注意,可以建议孩子用不伤害别人的办法来转移消极情绪,如拍打枕头、撕报纸等;要跟孩子反复强调,咬人是一种很不好的行为。同时,家长不要动不动就打孩子,否则孩子会糊涂:大人为什么可以使用暴力,而我却不可以呢?

接纳孩子的反抗

晓欢是个两岁左右的男孩，大家都说他是个乖孩子。晓欢从生下来，家人几乎没听过他哭闹，没看过他磨人。用晓欢姥姥的话说，我们宝贝咋这么乖！可是，最近大家却发现，晓欢不那么听话了，不那么乖了，什么都要插手，什么都要自己干，而且常常是大人越不让干的，他越要干，大人追来了，他就跑。

晓欢姥爷每天都要收到杂志社寄来的样刊。过去，晓欢就等着大人给他打开牛皮纸信封，才拿过去玩。现在可不行了，他非要自己拆开信封不可。有一天，晓欢拆不开信封才递给妈妈，那意思是让妈妈起个头，妈妈却直接全给拆开了。好家伙，晓欢又哭又闹，那意思是，我要自己拆，谁让你给全拆开了？经常有这样的情形，大人说那个东西危险不要碰，晓欢非要伸手，说不听，拦不住，非要闹到被大人打屁股。还有，晓欢和他的姥姥从外面回来，该上楼了，晓欢却还要在下面玩，说什么也不肯上楼，常常是弄得妈妈和姥姥不知如何是好。本来一个很乖的小男孩，现在怎么变得这样了？

——晓欢的故事

听听专家怎么说 孩子到了第一反抗期

晓欢的表现没有什么好奇怪的，他只是到了第一反抗期。

什么是第一反抗期？ 细心观察，随着孩子一天天长大，活动能力不断增强，知识经验不断增多，孩子就会表现出独立的愿望，虽然能力不够也要自己动手自己干，变得不太听话了。这就是心理学上说的"第一反抗期"。第一反抗期的情况个体差异比较大，有的来得比较早，有的时间比较长，一般从2岁开始进入第一反抗期，4岁左右达到高峰。晓欢变不乖了就是第一反抗期的表现，属于来得比较早的。

孩子到第一反抗期的时候，自我意识增强，他们会要求独立完成一件事情，比如自己倒水，自己爬到高处去，非要到水坑里玩，非要爬到树上去。这时候，有些性子急躁的家长可能就会动手打孩子了。其实，这不是孩子出了什么问题，而是他们进入了"反抗期"。有的孩子在睡觉的时候非要选择特定的情景、特定的被子、特定的讲故事的人；有的孩子特别喜欢按自己的主意去做，他如果在试着用积木搭一个楼，尽管搭不好，却不让大人插手，有时会因大人的"好心"帮忙而变得急躁起来，或干脆将积木一把推倒。孩子到两三岁的时候，父母就会发现，从前听话的孩子突然不乖了，他可能变得很固执，甚至有些自以为是。比如，妈妈刚问他一句什么话，他便不假思索地就回一个"不"字。有的家长说："孩子本来喜欢吃糖，我顺口问他一句吃糖吗，他却说不吃，好像故意气我似的。"当然，这期间也不全是"缺点"，这时的孩子控制自己的能力增强了，为了达到目的，也能想办法克服困难。

孩子为什么会出现第一反抗期？

孩子运动能力的发展。随着孩子体格的快速发展，身体活动能力也逐渐成熟，日常生活中的很多事情都可以自己做了。因此，他们异常渴望扩大自己独立的活动空间，不断地尝试去做新的事情。但是，很多家长由于害怕孩子受伤等原因，都会加以阻拦和限制，于是孩子就会产生反抗的情绪。

孩子自我意识的发展。我们知道孩子的自我意识也是逐渐发展的。在最早的时候，孩子还不能区分自己的意愿和别人的意愿。而在两岁后，他们可以渐渐分清"哪些事情是别人让我做的""哪些是我自己想做的"。但是，这种表现往往与成年人的规范相抵触，进而让孩子产生了挫折感，最终导致了他们的反抗行为。

孩子心理需求的发展。 随着孩子活动能力的增强，探索环境的机会增加，对世界的认知逐渐丰富，生理和心理的变化，导致孩子的需求发生了很大的变化。如1岁前孩子靠妈妈喂食，但2~3岁时他很想自己动手吃完一餐饭，可又掌握不好力量，经常弄得到处都是。如果家长仍用老眼光对孩子，就会引起孩子的反抗行为。

孩子的情绪控制能力不成熟。 孩子的情绪控制能力还很弱，一旦他们感到不满，就会毫无掩饰地表现出来。吵嚷、哭闹通常是他们主要的宣泄方式，而家长就认为这是孩子在无理取闹，是他们反叛的表现，于是便去制止和反对他们，从而导致了孩子进一步的反抗行为。

专家教你这样做 / **反抗是孩子成长的标志**

应该怎样帮孩子顺利度过第一反抗期？

第一反抗期是孩子自我意识迅速成长的表现，也是发展孩子独立性和自信心的大好时机。孩子在进入第一反抗期之前（2岁之前），基本没有自我意识，他们总是把自己和周围的事物混为一体。进入第一反抗期，就标志着自我意识萌生了。所以说，孩子到了第一反抗期，是孩子成长的标志。适时表现出反抗精神的孩子，更容易成为心理健康、独立坚强的人。而丝毫没有反抗表现的孩子，则往往在性格上趋于软弱和寡断。所以，要正确认识孩子的第一反抗期，看到其对孩子成长的积极意义。面对孩子的反抗，父母不能一味地去反对和制止，只有正确了解孩子反抗背后的原因，才能对症下药。

不要嫌弃孩子做得慢。 孩子萌生自我意识，独立性就开始增强了。他在不断地观察和模仿，什么事都想自己做，比如，他要自己洗脸、自己穿衣、自己拿筷子吃饭。随着孩子独立性的增强，他产生了自信心和自豪感，总是不愿意让别人说他一点不好。虽然他的动作很不熟练，做起来要花费很多时间，做得还不像样，但是家长仍应尊重他，让他学着去做，并且给予鼓励。嫌孩子做得慢或做得不好，就从中阻拦、包办代替，这样会伤害孩子正在萌生的自尊心。

家长应懂得让步。对于孩子必须做而且完全能够做到的事，家长应该严格要求孩子执行；而对于那些不必要的，孩子又不愿意去做的事，家长就不要强行要求他。在孩子玩得开心的时候，家长千万别打扰他的兴致。要是孩子确实做得不对，家长在制止他的反抗行为时，在不危及生命、健康和道德的情况下，也要适当地放孩子一马。这么做也许会给大人带来一些麻烦，但对于孩子的人格健康发展来说，这点让步是非常值得的。

家长要坚持原则。这个时期的孩子常常会提出一些不应该提出的要求。比如，家长带孩子到商店，孩子看到一些零食就要，不给就哭闹。这时，家长必须坚持原则，不可以给的就向孩子讲清道理，不能全部依从他，并且赶快把孩子带走。尽管孩子还依依不舍，也无可奈何，但家长应该让孩子明白，无理的要求不是靠哭闹就能得逞的。这样，孩子就会渐渐地懂得在生活中还有"可以""不许""应该"等一些概念，是非分明，促进了他的心理健康发展。

家长要尽量放手让孩子自己去做。孩子的所谓不听话行为，常常是好奇心所驱使的。对此父母们应该给予支持，千万不要对孩子过度保护或包办代替，以免孩子失去很多自我探索的机会，引起抵触心理。孩子自己可以解决的困难，父母要尽量放手让他自己去做。这样，满足了孩子的需要，他在体会成功的快乐时，也能减少和父母的对抗。如果孩子正准备做的事情有危险，父母必须果断地制止，最好用其他一些没有危险性的活动来代替。这样也会减少孩子反抗情绪的发生。

成人对孩子的教育态度要一致。有时候，父母在管教孩子，而爷爷、奶奶却要护短，或者，父母自己的情绪忽冷忽热，高兴起来对孩子亲热非凡，不高兴了就把孩子痛骂一顿。这会让孩子无所适从，增加他们情绪上的反抗性和不稳定性。因此，在一个家庭里，成人对孩子的教育态度和方法必须一致，协同配合。

家长需要耐心诱导。对于孩子的反抗，家长不能采取"高压政策"，要冷静对待，要弄清楚为什么孩子会反抗。比如，是因为家长对孩子不了解，使他们的独立愿望不能实现，还是因为家长的训斥打骂伤害了他们的自尊心？为此，父母要了解孩子的心理，耐心倾听孩子内心的想法，只有这样耐心诱导，才能对症下药，才能让亲子关系多一份和谐，才能让孩子第一反抗期的成长多一份顺利。

每个孩子都有讨人烦的阶段

我的孩子两岁多了，过去都挺乖的。可是，最近一家人都感觉孩子越来越淘气，越来越讨人烦。孩子还常常又哭又闹，弄得谁也不愿意看孩子了，宁可干别的家务。孩子这样讨人烦怎么办？怎样治好孩子讨人烦的毛病？

——宝妈的烦恼

听听专家怎么说 **讨人烦是年龄特点**

俗话说"两岁三岁讨人烦"，这时候孩子的又哭又闹、讨人烦不是毛病，而是年龄特点。这时候的孩子，许多事他们常常会坚持"我自己来"，结果却把事情搞得一塌糊涂。他们还经常不听话，凡事偏要和大人对着干，一直又哭又闹。于是，他们让人觉得特别讨人烦。这是因为这个时候正是孩子的自我意识飞跃发展的阶段，所以说是年龄特点。

专家教你这样做 **该说"不"时就说"不"**

这个时候，孩子的讨人烦是年龄特点，所以，家长光烦恼是不行的，应该多想办法巧妙应对。

给予巧妙的忽视。有这样一幅漫画：一只老鼠优雅地用手按压杠杆，同时得意地和后面的"鼠兄弟"说："看，我能训练人，当我一按压杠杆的时候，他们就会给我一粒好吃的食物。"有时候，大人就成了孩子这只"小老鼠"的"掌中之物"，被孩子"控制"了。当孩子非要做一些事情而大哭大闹的时候，大人就会屈服，让孩子得到了想得到的东西。于是，小家伙就会发现这招儿好使，以后，他就会常常用大哭大闹来达到控制大人的目的。所以，应采取的对策是，当孩子无理取闹时，大人不去过多理会，就像什么都没发生一样继续做自己的事情。这样被忽视的结果就是，孩子会逐渐停止无理取闹。而当孩子不再哭闹的时候，大人再来关注孩子，再次温和地重申规则，用孩子能听懂的话讲解清楚为什么不能这样做。

避开风头冷处理。一些脾气暴躁或者精力过盛的孩子，会在发脾气时做一些过激的行为，比如，声嘶力竭地大哭，用头去撞硬物等。这时候，大人首先应及时阻止孩子的破坏行为，口气可以严厉一些，但不用讲多少道理；然后把孩子抱起来，放在安静的地方，在防止孩子伤害自己的同时静静地等待，不去理他，来个冷处理。几分钟后，孩子暴躁情绪的峰值就会过去，用大人的话说就是恢复了理智。这时候，大人再温和地向他讲道理，并且再次重申要求。

该说"不"时就说"不"。孩子到了两岁左右的时候，会对一切事物都感到好奇，都想伸手去摸去探索。但是，有些事情是有危险的，是孩子不能伸手的，比如，不能让孩子用手抠电插座或者摸水果刀。这时候的孩子，已经基本可以听懂大人的口令和要求了。所以，家长对于该严格禁止的事情应该设置限制，应该坚定地对孩子说"不"。家长应告诉孩子"这个不能碰，这个很危险"，并在说"不"的同时还要对孩子讲解为什么。比如，孩子对电插座很好奇，家长就要在他企图触摸的同时，通过动作阻止他，拉住他的小手，态度要严肃，要坚定，要不容商量，并告诉他"这个很危险"。这样，孩子就有了"禁忌"的概念，对被禁止的事情就不再伸手了。而且，家长在该说"不"的时候就说"不"，等于在孩子心里种下一个界限的种子，让孩子知道有些界限是不可逾越的，是必须遵守的，人生是不可为所欲为的。这对孩子未来的成长是非常必要的。

该放手时就放手。孩子学会走路后，会磕磕绊绊地走到他想去的任何地方，把抽屉、柜子所有能打开的都打开，好奇地把能翻到的东西全都倒腾出来。他还特别喜欢学大人的样子，跟在大人的屁股后面像模像样地学，扫地时会把灰尘拍得到处都是，拿着遥控器一通乱按，甚至把饭锅叮叮当当地拖来拖去。随着自我意识的萌发，他还特别愿意通过尝试告诉别人"我能行"。与上面对策不同的是，对孩子没有危险的探索行为，大人要保持足够的耐心，要鼓励孩子，放手让孩子积极地探索和尝试。比如，孩子学大人的样子扫地，家长首先要给予关注，"你看，宝宝真是勤快，帮助妈妈扫地"，然后耐心地教给他一些简单的技巧。这不仅有助于提高孩子的动作协调能力，促进亲子交流，也培养了孩子爱劳动的好习惯。

正确对待孩子的独占意识。孩子这个时期独占意识特别强烈，自己的东西霸占着不肯撒手，甚至还要抢别的小朋友的玩具。其实，这不过是孩子开始有了人我区别，有了自我的表现。他仅仅知道玩具给了别的小朋友，自己就没有了，他还不懂共同分享的乐趣。这时候，家长不能强制孩子分享，而应引导孩子和小朋友一起玩，还可以多买一些共同游戏的玩具，让孩子感觉到和小朋友在一起玩更有意思，从而让孩子自己体会分享的乐趣。

管教"小暴徒"需要讲究方法

　　我女儿就要满4岁了，我生下来就把她寄托给我姨妈抚养，其间我们只是偶尔去看看。孩子对我们没有什么感情，而且有些仇视，我们送给她的东西她都不要，甚至还经常赶我们走。

　　现在，孩子软硬不吃，日常行为一点没规矩，在家里乱来，到外面教她打招呼她却谁也不理。她要发脾气就坐在地上大喊大叫，把身边的东西都搞乱，哭起来没完没了，谁要是劝她、哄她，就像火上浇油，她会闹得更来劲。比如，早晨穿衣服总要由着她的心思，不然她就大发脾气。再如，我们带她到市场买衣服，她看中了的不论长短都要买，大人越是告诉她不合适，她越是偏要，在街上就耍赖，又哭又闹。前不久，她看幼儿园老师穿裙子，就把刚刚买的新裙子扯烂了。我问她为什么，她说这件不好看，反正不想穿了！孩子对学习知识一点心思也没有，只知道打扮，看到老师穿高跟鞋她也要买……面对这一切我们两个都愁死了！

——宝妈的烦恼

听听专家怎么说　孩子处于特殊的心理年龄阶段

　　要理解孩子的心。孩子4岁，正处于一个特殊的心理年龄阶段。首先，这个时候的孩子正在"第一反抗期"，很容易处处与大人对着干，软硬不吃。这一点请参见前面的相关话题，这里就不多说了。

还有一个有意思的问题是，就儿童心理发展来说，各个年龄阶段不总是均匀发展的，在孩子的成长中，既有容易看管的、顺利平衡的发展阶段，也有难于管教的、不顺利不平衡的发展阶段。比如幼儿刚刚开始学走路的时候，也就是大约1岁，是顺利平衡阶段，随之而来的是不平衡阶段，大约在两岁，随后，3岁期是平衡阶段，4岁期是不平衡阶段，5岁期是平衡阶段……正巧奇数年龄是平衡期，偶数年龄是不平衡期。

4岁孩子的心理特点是不平衡、不安定、不调和。他们情绪不稳，脾气暴躁，变化很大，常常以哭泣、发牢骚等表现自己的不安。他们精力旺盛，话语不断，喜欢戏剧性表演，喜欢做模仿性游戏。他们表现粗野，胡闹，毫不顾忌别人的心情，有人称之为软硬不吃的"小暴徒"。他们的语言是"小暴徒"式的，一些使父母不知所措的品格低下的语言开始从他们的嘴里跑出来；他们的行为是"小暴徒"式的，动辄踢打哭闹，激怒时挥舞拳头，无所顾忌；他们对人的关系也是"小暴徒"式的，最喜欢拒绝别人的要求，最喜欢和别人对抗。你谈到的孩子的表现，基本上反映的就是这个年龄的孩子的心理特点。

当然，不同孩子的心理年龄特征的表现程度会有不同。上述孩子的表现是较突出的。这与孩子出生后的寄养生活直接相关。一来，由于寄养导致了亲子关系障碍，形成了亲子之间的隔膜，使得孩子不理解父母、仇视父母。因而，孩子对成人的拒绝、对抗，很可能就是出于一种潜在的动机——报复心理，报复父母把自己寄养给人的行为。二来，由于寄养人家不能如父母那样严格要求，往往过于溺爱而疏于管教，这会使孩子形成任性等不良品质。总之，正是寄养生活加剧了孩子在4岁这个不平衡阶段的心理年龄特征，更让人头疼而苦恼。

寄养造成的创伤需要慢慢愈合

事情常常这样，父母一旦对孩子的心理特点有了较透彻的理解，心中的苦恼就减少了一大半，因为许多苦恼都是因为不理解。剩下来的就是对症下药了。

增进感情。当初的寄养造成的孩子心灵上的创伤，只有慢慢愈合。你们可能已经把孩子接回家，亲子之情、父母之爱，孩子会懂的，慢慢地，和孩子的感情会融洽起来的。

强化管教。不能因为觉得寄养过孩子总是欠孩子的就处处迁就，也不能因为要增进感情就不敢管教。任何放任和动摇都只能让孩子更加无所顾忌，给父母增加苦恼。比如，如果是孩子故意耍赖，父母就可以将其"关禁闭"：你好像不会和别人一起玩，既然这样那就一个人玩吧！

讲究方法。对孩子的耍赖任性，你越是紧张、害怕、着急上火，孩子可能就越起劲儿；而毫无反应，不予理睬，孩子感到没趣反倒会平静下来。家长对孩子的合理需要应及时满足，不要等孩子哭闹了再来答应他；可以用转移注意力的方法把孩子的注意力吸引到其他方面去，让孩子不再胡闹；还可以让孩子尝到胡来的苦果——孩子扯烂了衣服的直接后果是没衣服穿。遗憾的是，家长往往在孩子还没有体验到自己胡来的行为所带来的不良后果之前，就先沉不住气了，于是孩子失掉了学习该怎样做的机会。看来，父母有时狠狠心，对孩子是一种更深沉的爱。不管怎样对症下药，有一点是不能忘记的，那就是孩子正是这个让人烦的年龄，许多情况还是需要坦然面对的。也许，在妈妈的苦恼没有消除的时候，孩子已经变得安定而顺从了。等到孩子5岁时，他就会进入一个发展平衡的时期。所以，有些情况不予理睬、顺其自然就是好办法。

另外，有些苦恼常常是父母不顾孩子的心理特点，自己一厢情愿而酿造的。比如，一个刚刚上幼儿园的4岁的孩子，根本还谈不上是否有心思学习知识，妈妈为此而苦恼，就只能怪妈妈自己了。

做个"懒妈妈"，做个"狠妈妈"

　　我的女儿佳佳今年3岁了，我们一家三代就这么一个孩子，全家人都围着孩子转。佳佳平时在幼儿园，力所能及的事情都是自己做。幼儿园老师说，佳佳在幼儿园表现还可以，不仅自己能很好地吃饭，还能很好地完成作业。可是，只要回家以后，佳佳就像变了个人，依赖性特别强，什么事都依赖我们，什么事情都不会做，穿衣要我们帮，吃饭要我们喂，真是饭来张口，衣来伸手。老师布置的手工作业，她做不出来，就看着材料发呆，要我们帮助做这做那，如果我们不动手帮忙做，她就会发脾气把东西丢掉。让我们头疼的是，孩子这样过分依赖我们，我们该怎么办呢？

——宝妈的烦恼

听听专家怎么说　过分依赖是有害的

　　由佳佳的问题，想到了中国民间流传的一个故事：有一对夫妇晚年得子，十分高兴，把儿子视为掌上明珠，捧在手上怕摔了，含在口里怕化了，什么事都不让他干。结果，儿子长大以后连基本的生活也不能自理，大事小事都依赖父母。一天，夫妇要出远门，怕儿子饿坏了，于是想了一个办法，烙了一张大饼，套在儿子的脖子上，告诉他想吃时就咬一口。结果，等他们回到家里时，儿子还是给饿坏了。原来他只知道吃前面的饼，不知道把后面的饼转过来吃。

这个故事似乎有点夸张，但却也反映了生活现实。这个现实就是，依赖性是在生活中逐渐养成的。今天不是也有孩子离开家长就不知道怎样吃鸡蛋吗？为什么？也是逐渐养成的。

这个故事也告诉我们，孩子一旦养成过分的依赖性是有害的。像案例中的佳佳那样，孩子小时候的依赖还有选择性，就是说，孩子往往只是依赖家长。随着孩子的成长，如果依赖性越来越强，那么，将来就不仅仅是依赖家长这样简单了。

一个人养成过分的依赖性，就意味着丧失独立性，一方面表现在生活上丧失自理能力，另一方面表现在思想上丧失自主意识。一个人丧失自理能力，他的生活该是怎样的？一个人丧失自主意识，他的人生该是怎样的？可怕得让人不敢想象啊！

具体说吧。一来，孩子过分依赖，所有的事情都有人代劳，自己不需要做，不需要说，不需要思考，时间长了，语言能力、行动能力、思维能力都会严重退化，如此，必将影响孩子的智能发展。二来，孩子过分依赖，上了幼儿园会哭闹；上了学会逃学，甚至窝在家里；到成人了，还赖在家里啃老，不能融入社会，社会功能丧失。三是，孩子过分依赖，会逐渐丧失独立思考能力，丧失独立判断能力，丧失作为人的独立思想，最终成为废人。这不是杞人忧天。在我的心理咨询中，面对已经是高中生的孩子，还有的家长要给孩子洗头发、剪指甲、喂饭、喂水。如此"培养"孩子的依赖性，孩子的未来岂不堪忧？

专家教你这样做 **孩子的依赖性是家长亲手"培养"出来的**

孩子的依赖性是谁给养成的？我们的家长、我们的家庭教育，应该说是罪魁祸首。就是说，孩子的依赖性是我们的家长亲手"培养"出来的。一是家长过于疼爱孩子，含在嘴里怕化了，捧在手里怕摔了，什么也不肯让孩子做，什么也不肯让孩子锻炼，结果让孩子丧失了自理能力，依赖性越来越强。二是家长越俎代庖，等不及让孩子思考，不会教孩子学习如何动手解决，认为自己代办更省时省力，什么事都替孩子办了，什么问题都替孩子决定了，结果孩子丧失了独立性和主动性，依赖性越来越强。

既然孩子的依赖性是家长亲手"培养"的，那么，正所谓解铃还须系铃人，要想矫正孩子的依赖性，也要从家长做起。家长不要光是为孩子的依赖性头疼，而要为孩子的依赖性心疼，为了孩子的未来，家长应拿出积极行动，培养孩子的独立性。

鼓励孩子自己的事情自己做

家长要坚持一个原则：引导孩子自己的事情自己做。我在心理咨询中常常给家长建议，做个"懒妈妈"，做个"狠妈妈"。意思就是，我们应该给孩子更多的机会，凡是孩子能做的事情，就一定要让他自己去做；不会做的事情也要提供机会让孩子练习，帮孩子慢慢掌握做这些事情的技能；如果孩子实在不会做，可以通过有趣的游戏，让孩子在游戏中学会这些技能。在自己做事的过程中，孩子的自理能力和独立意识就会得到很好的发展，将来会更好地适应生活，适应社会。

具体说来，还要做到三点：

积极矫正。首先必须破除依赖的习惯。比如，不再喊孩子起床，让他自己按时作息；不再为孩子夹菜，让他自己吃饭；不再帮助孩子削铅笔，让他自我服务。过段时间让他想一想：一些习惯让大人帮助完成的事，哪些是可以自己独立完成的？同时，家长可以帮助孩子每天做记录，定期总结，共同评价，给予鼓励。

绝不迁就。 在矫正依赖习惯的过程中，对于决定要让孩子自己动手的事情，一旦明确了，家长要坚定不移，不能迁就退让，不能屈服于孩子的无理取闹。比如，孩子今天外出自己决定穿什么衣服，明天出去玩自己准备能用到的用品，后天再出去玩自己背自己的小包包，等等。这个过程中，家长一定要默默告诫自己坚持住。

鼓励自信。 在孩子独立做事的时候，家长要设置好难度阶梯，由易到难，鼓励孩子遇到困难不要放弃，为孩子成功创造必要条件。因为孩子的心灵是脆弱的，如果总是遭遇到挫折，很容易丧失自信，家长要保护孩子可贵的自信心。最后不论结果如何，家长也不要批评，而要多加鼓励，尊重孩子的努力，增强孩子的自信。

孩子需要科学的性启蒙

康康和芬芬是幼儿园的好伙伴，双方父母又是同事。这一天，两人在康康家看起了康康小时候的照片。芬芬一边看康康小时候的照片上光屁股的样子，一边好奇地说："你下边有这东西真好玩，我们没有。"

"那你们下面是什么样的？我从来没看过，让我看看好吗？"康康说。

"不给看。"

"那你为什么要看我的？"康康生气了。

芬芬见康康生气了，忙说："给你看。你也得脱下来给我看。"两个天真无邪的孩子就这样玩起来。

这时，正好康康的父母下班回家，一看两个孩子光屁股的情景，气得火冒三丈，抄起棍子便朝康康打去。两个孩子吓着了，不知闯了什么大祸……

这样的问题应该怎样看？

——康康的故事

听听专家怎么说 **不应对孩子谈"性"色变**

心理学研究告诉我们，虽然有关性的错误观念及性反常行为常出现在成年期，但其原因常植根于童年和青少年期，比如对性的不洁感、神秘感、罪恶感和压抑感，往往形成于早期而使人备受其害。美国性信息和性教育理事会主席玛丽·考尔德博士认为，对于性教育可能特别紧要而有效的时期是15岁之前，尤其是5岁之前。这一时期所接受的有关"性"的培养和教育，无疑将决定儿童少年以后一生有关"性"的各个方面。如此说来，我们不应该再谈"性"色变了，我们对孩子应及早开展科学的性启蒙。

让孩子知道男女有别

由上，我们就学前性启蒙讨论了如下几个经常遇到的问题。

孩子发现了自己的性器官，大人怎么办？为什么有些孩子对性器官有不健康的特殊的关注心理？许多大人对孩子发现性器官大惊小怪，不能不说是个重要诱因。本来，孩子最初发现自己的性器官时，他们并不觉得这与耳朵、脚趾有什么两样。父母就该像看待孩子的其他发现一样，为他的新发现而高兴。这有助于孩子对性器官形成一种轻松正常的心理。

孩子玩弄自己的性器官，大人该怎么办？孩子最初玩弄性器官，跟玩弄耳朵、脚趾一样。也许五六岁的孩子玩起来时会有一种快感，这时怎么办？家长无须大惊小怪地严加斥责，最好视而不见。一会儿，他会自然地转移到别的活动上去。如果不想让孩子玩，那最好的办法是，用有趣的活动把他的注意力引开。记住：大人一定要处之泰然。如果一看见就像着了火，那引发的结果很麻烦，也许孩子就会由此染上玩弄性器官的习惯。

另外，大人还要注意别引诱孩子玩弄性器官。有的家里生了个男孩，爸爸妈妈、爷爷奶奶、姥姥姥爷，乃至亲朋好友，都喜欢拿孩子的"小鸡鸡"开玩笑。太多人把注意力放在了男孩的"小鸡鸡"上，慢慢地孩子形成了一种印象：人人都喜欢我的"小鸡鸡"。于是，孩子就会模仿大人开始了这个好玩的游戏。所以，大人要注意别这样"引诱"孩子。

孩子发现男女性器官的差别时，大人怎么办？男孩发现女孩没有"小鸡鸡"会觉得奇怪：她的"小鸡鸡"跑哪里去了？女孩发现男孩有"小鸡鸡"也会惊奇：我怎么没有？丢了，还是藏起来了？有些大人千方百计限制孩子的这一认识，既不开明，也不高明。由于当今家庭结构的特点，孩子认识到这一点往往较晚，又多是在与别人家的异性伙伴玩耍时获得的。对此，大人更应该以孩子的眼光看问题，切莫总是联想到丑恶与罪过。开头故事中的康康、芬芬有机会了解这一点，实在是值得庆幸的，而大人对此视为"洪水猛兽"，真不知这会给两个孩子性心理健康带来多么严重而深远的消极影响！因此，对孩子这类问题，大人应顺其自然，巧加引导，可以说"你是男孩，长大了跟爸爸一样"，或者说"你是女孩，长大了要当妈妈""能看出男孩与女孩不一样，真聪明"之类的话让孩子知道男女有别，知道"我是男孩""我是女孩"，这是孩子形成健康的自我意识和健全的精神面貌的基础。

孩子喜欢在墙上涂鸦，
我该不该制止他？

我的孩子快两岁了，一看到笔就抓到手里，不管是墙上，还是纸上，唰唰唰地到处乱涂乱抹。那天正赶上一个朋友来我家做客，他说孩子的这种行为叫涂鸦，说不同的孩子会有不同的涂鸦，从中可以看出孩子的不同心理特点。有这样的事吗？如果是，孩子的涂鸦有什么不同？家长又该怎么对待？

——宝妈的烦恼

听听专家怎么说 **走进孩子的涂鸦**

了解孩子的内心世界，不仅可以从孩子的眼神来读懂孩子，还可以从孩子的涂鸦来读懂孩子。所谓涂鸦，这里说的就是孩子随心所欲地信手画来的图案。孩子从一岁半就开始喜欢画画了，初期孩子画画的就叫作涂鸦期，随后三四岁的时候进入象征期，其实也还是涂鸦。孩子的随手涂鸦并不简单，他们的画往往折射出一定的心理特点。虽然涂鸦与心理不一定一对一那么准，但是如果观察多了，还是可以发现一些规律的。所以，我们仔细观察孩子的涂鸦，就能发现通往孩子内心世界的道路，就会找到塑造孩子心灵的方法。

专家教你这样做 `/` 涂鸦折射孩子的心理特点

为了方便，我们针对孩子涂鸦特点的不同情况，来分别谈谈应对策略。

涂鸦特点：下笔很重，喜欢用一些很强烈的颜色，比如黑色和深红色。

心理分析：这类孩子性格类型属于易怒型，其代表元素是火，代表颜色是红色。他们通常体力充沛，热情四射，做事情很有激情，很有领导才能，但没有什么耐性。家长应给予适当的夸奖与称赞。在表扬方式上，温和的态度会使孩子的情绪稳定下来，鼓励性的语言会让他乖乖地接受家长的意见，并且重新唤起他的自信心。在惩罚方式上，孩子出现错误的举动时，家长应先询问他犯错误的理由，倾听他的想法，沟通感情之后再温和冷静地进行教育。有的孩子还会积极想办法弥补损失。

涂鸦特点：下笔较轻，喜欢用蓝色和黑色，色调也较单调。

心理分析：这类孩子性格类型属于忧郁型。他们通常是不爱动的，感情很含蓄，也很敏感，总喜欢独自思考，在人际交往上过于敏感，比较被动。不过他们记忆力很好，有体谅心，知道关怀他人。家长应让孩子独立完成某些事情，不要多干涉，还应为他创造一个良好的社交环境，可带着他参加各种聚会活动。在表扬方式上，若无其事地夸奖会比夸大其词更为有效。孩子受表扬从外表看若无其事，其实内心会对自己说：我必须做好，一定不辜负父母的期望。这种来自内心的强大动力，会帮助他形成坚强、自信的意志品质。在惩罚方式上，孩子最容易受到感情伤害的时候，是家长在大庭广众之下数落他，或者拿他的缺点与别的小朋友的优点做比较。这是应该注意的。

涂鸦特点：一般下笔都比较重，喜欢把多种颜色搭配在一起。

心理分析：这类孩子属于开朗型，是乐天派。他们通常给人的感觉是性格很活泼、开朗、健康，知道关怀他人，并且很招人爱，但比较浮躁，不太稳重。他们有时言行过于标新立异，表现出太多的独创性，容易引起其他孩子的嫉妒。家长应提醒他多与周围的小朋友进行沟通，协调好人际关系，引导他明白团结就是力量的道理。在表扬方式上，绝不可以用不适当的报酬奖励方式来表扬他，以免养成他事事索要报酬的习惯。另外，家长对待孩子的任性与固执，只靠说教是不会起到良好的教育作用的，可着重培养他谦虚的学习态度；针对他模仿力强的特点，可为他树立一些学习的榜样。在惩罚方式上，在责备孩子之前，家长首先要肯定他的长处与优点，然后再一针见血地指出其不对的地方，话不必太多，只要他明白就行。

涂鸦特点：下笔很轻很轻，不喜欢把多种颜色搭配在一起，一般就一两种颜色。

心理分析：这类孩子属于冷静型，喜欢独来独往，自己和自己玩。他们通常给人的感觉是情绪稳定，性格平和谦让，不喜欢和别的孩子争东西；在社交上表现为不喜欢和别人交往，不容易接受挑战。家长要带孩子逐渐扩展交往的范围，广泛地接触各种各样的人，可让他和小朋友一起上幼儿园，一道回家，一块玩耍，逐步培养起积极参与团体活动的精神，从而获得一定的人际交往能力。在表扬方式上，夸奖孩子时，你首先要告诉他鼓励他的原因，然后再予以奖励，切忌过分与盲目地夸奖。你不妨在夸奖他时伸手去抱他，或者把脸颊贴在他的脸上。这些亲近的动作最容易稳定孩子的情绪。在惩罚方式上，责备孩子最好的方法就是直截了当地进行批评，无论你如何严厉地批评和责备，只要是以诚意和关爱为前提，他都会很好地接受，坦率地道歉。

从开始就不和孩子讲条件

我的孩子5岁多了，总有自己的一些小想法。我每次对孩子提什么要求，都向孩子解释得很清楚，为什么有些事情他不能做，而有些事他必须做。但是，有时候孩子还是不肯放弃他的想法。最后，常常陷入无休止的讨价还价中。因为讨价还价，有时为了一些小事孩子就会缠磨很久。比如，为了每天要不要刷两次牙，孩子常常要和我讨价还价，提出各种各样的要求。别的事也是这样，孩子动辄就跟我讨价还价讲条件。为此，我每天要浪费不少时间和精力，真不知如何是好。

——宝妈的烦恼

听听专家怎么说 讨价还价是父母教给孩子的

向孩子解释原因，顾及孩子的想法，肯定要比简单地命令孩子好。但是，好言相劝也不能没完没了，否则，孩子会利用这样的场合进行长时间的讨价还价。如果你首先表现出犹豫，孩子就会乘胜追击，最后，往往使你定出的规则顺着孩子的心思跑。其实，讨价还价是父母教给孩子的。开始的时候，交换条件都是父母主动提出来的："只要你今天好好弹琴，周末我就带你去坐过山车。"由此养成孩子在听话顺从前，会先想想究竟自己能得到什么好处的习惯。他会想：为什么大人能熬夜看电视而我不能？为什么大人星期天可以逛街，我就必须上兴趣班？这不公平！公平的办法是我能得到一点补偿，比如每星期吃两次肯德基。为什么总是大人来发布命令？为什么他们总要来打断我的游戏，要我干这干那？我要讲条件，多少可以换回点自由。

一旦孩子习惯于讨价还价，会带来很多不利的影响。

造成孩子成长的被动状态。当讨价还价成了习惯，每一次成功后，孩子就在准备下一次的"交易"了。如此下去，孩子会计较任何事情的即时效益，看不到好处就不做。如此下去，孩子便不会出于兴趣去学习新东西，也不会有探索精神，更不会有责任心和同情心。他的人生会丧失所有的主动权，任何事情不是"我要做"，而是"要我做"，人生的成长过程变成了被动状态。

大量的时间浪费在争议上。双方进行拉锯式的谈判，孩子从父母口中挤牙膏般挤出点利益，浪费了双方的时间，使孩子专心思考及行动的时间变得很少。

父母的权威受到挑战。经常地讨价还价，结果你会发现，作为父母，你对局面失去了控制。你的嘴皮都磨破了，却还未对晚上睡前洗澡与孩子达成协议。在任何一件小事上都会引发长时间的谈判，你还有权威吗？没有了权威何谈对孩子的教育？

疲惫造成父母情绪失控，最终伤害的还是孩子。当父母的耐心用尽之后，孩子倔强地讨价还价的行为，会让父母情绪失控。这个时候，民主的父母就成了暴怒的父母。这种从一个极端迅速摆到另一个极端的变化，常常让孩子的心更受伤。

专家教你这样做 **让孩子接受讨价还价的后果**

既然危害很多，家长应该怎样避免孩子讨价还价？

做好预防工作。

开始就不和孩子讲条件。许多父母习惯说"吃不完饭就不许看动画片"，这对孩子的影响其实很坏，因为孩子会效仿父母动不动就讲条件；也不要对孩子说"这样爸爸妈妈会高兴的"之类的话，孩子为讨父母的欢心可能会撒谎或干出其他的蠢事。有些父母常说"你不听我的话，我也不满足你的要求"，父母会因此而失去尊严，并诱发孩子产生报复心理。其实，从开始就什么条件都不讲，该要求他时提出要求并督促执行就是了。如此，孩子不可能学会讨价还价。

父母双方要保持一致。当父母一方拒绝孩子而另一方觉得不妥时，不要当着孩子的面反驳，否则，容易养成孩子在父母双方之间投机取巧的毛病，而且孩子还会想方设法坚持自己的条件。最好是父母保持协调一致，如果出现问题，可以对孩子说"我们商量商量再告诉你"。

向孩子讲明拒绝的理由。父母对孩子说"不行"之后，要耐心向孩子解释拒绝的理由，让孩子明白"不行"的道理。注意，这个解释千万不能掺杂"条件"。

有些事可与孩子共同商讨。比如，孩子日常生活作息时间的安排，就可以征求孩子的意见。但是，父母必须掌握主动权，不能与孩子无休止地讨价还价。

一定坚持做到令行禁止。如果说"不"后父母又对孩子作出妥协或让步，这不仅会失去父母的威信，还会使孩子沾染上不守信用的习气，让孩子更加讨价还价。所以，父母不要随便乱说"不"，一旦说出口就要坚持，做到令行禁止。

做好矫正工作。

设定一个彼此都能接受的底线。在家庭内部发扬民主之前，父母应该跟孩子有一个约定：任何"讲条件"的行为都不能无休止地进行下去，父母有最终解释权。设立最终解释权，就是为争论设一个底线，以保父母的权威不受影响。

物质鼓励为辅，精神鼓励为主。其实，孩子想通过讨价还价获得的好处，基本上都与物质有关。一个家庭，如果养成了以物质条件来换取孩子行动的习惯，想不让孩子缠搅也难，因此，要多倡导精神鼓励，如拥抱、抚摸、口头夸奖等。拥抱本身会换来孩子的妥协，这种妥协与物质换来的妥协不同，往往是有益的。因为拥抱传达的信息是：我相信你能做得好，你也有责任做得好。

让孩子接受讨价还价的后果。讨价还价往往带来时间上的延误。如果因此影响了孩子的娱乐和休息，或者因迟到遭到老师的批评，那么，别心软，让孩子承受后果。这样，会促使孩子逐渐减少讨价还价。

与其吼孩子，
不如学会转移孩子的注意力

　　我经常碰到这样的情况：孩子非常想做一件不该做的事情，大人非要阻拦不可，但说也不听，打也不成。这时正好推门走进一个陌生人，或发生了一件新奇的事，孩子立刻被吸引过去，刚才的行为不禁而止。原来，孩子的注意力很容易被吸引到其他方面去。这是为什么呢？

——宝妈的烦恼

听听专家怎么说　父母管教孩子巧过招

　　也许有家长说：转移注意？谈何容易？他要任性起来，你什么花招都不管用。事实未必如此。比如，孩子哭闹，而你突然拿出个新奇的东西自言自语："哎呀！这东西真奇怪。"孩子的注意力被吸引过来，便止住了哭闹；孩子哭闹，而你趁机讲个故事、笑话，他就破涕为笑了；孩子哭闹，而你镇静地说："这可怎么办？谁能帮助我呢？"随后说一件孩子平时爱干的事，孩子就不再哭闹了；孩子哭闹，而你惊讶地说："瞧！街上那大汽车装的是什么？"孩子就能止住哭闹睁开眼睛，平静下来；孩子哭闹，你带他到外面去，孩子也忘记了刚才的事。也许，这些办法都不适用于你的孩子，你还可以另想办法，最熟悉自己孩子的还是你自己。

不能仅凭常识教育孩子

常有一些家长为管教孩子不怎么得心应手而发愁。所谓"管教"，就是矫正孩子的过错行为。为什么矫正孩子的过错行为往往不那么顺手？重要的原因之一就是，我们管教孩子多从常识出发，而常识又常常违背童心的本来规律。所以，不能仅凭常识办事，不能仅凭常识教育孩子。下面介绍的矫正孩子过错行为的方法，有的就未必合乎常识，却自有其道理。

多讲"应该"，少讲"不要"

不予理睬法。孩子时常有引起成人关注的强烈愿望。如果这时有过错行为发生，如追打小猫，与其说是他在使坏，不如说是想吸引大人的注意。这种情况下给他以呵斥，恰好满足了他的愿望。任何需要的满足都会使有关行为被强化。于是，孩子追打小猫的行为就更容易发生。正确的做法是，这时对孩子追打小猫的行为视而不见，像没那么回事一样不予理睬，让他想借以引起大人关注的需要得不到满足，等他随后一出现好行为时就加以鼓励。这样，孩子要吸引大人注意的需要跟好行为联系起来，也就抑制了过错行为的发生。所以，发现孩子的过错行为是为了吸引你的注意，你就若无其事，不予理睬。孩子会疑惑地瞧你或大声叫"妈"，那意思就是：妈妈怎么今天没注意我？真没劲。这样长此以往，过错行为发生的概率就降低了。自然，对不及时制止可能造成严重后果的行为，是不能视而不见的。

注意转移法。心理学告诉我们，人的心态不是由存在决定的，而是由注意决定的。注意转移了，心态也就变化了。在孩子要出现过错行为时，家长应用足够吸引他的东西使他的注意转移过来，以避免过错行为的发生。孩子越小，这个办法越灵，把孩子的注意转移过来，就减少了重复过错行为的机会，免得他形成不良的习惯，因为任何习惯都是一再重复的结果。这个办法越是在行为刚露苗头时使用越管用。没有没法转移注意的孩子，而是没有耐心的家长。

精力疏导法。 父母容易犯这样的错误：知道孩子爱淘气闲不住，于是四处设防，八面禁止，却总是忘记该让孩子干点什么。其实，细细琢磨就会明白这样一个事实：孩子有使不完的精力，"闲不住"是孩子的本性。他总要干点什么，这正像水总要流一样。就像古时候大禹治水讲疏而不堵的道理一样。因此，最好的办法是正当疏导，让孩子把精力宣泄掉，也就避免了过错行为。家长可以让孩子玩积木，看画册，骑小车，捉虫，挖土，捉迷藏，摸瞎瞎，猜谜语，听故事……精力都用在这上头，过错行为也就不禁自止了。

多讲"应该"法。 孩子的道德认识还没建立起来，常常不知道该怎样做。所以，多讲"应该"少讲"不要"，便成了许多家长教子成功的一个诀窍。你也许说，这还不容易？也不尽然。困难就在于大人似乎跟孩子说"不要"很顺口，讲"应该"却很不习惯。你呢？如果也是这样，就请做一点小小的努力，多讲点"应该"，少讲点"不要"。这不仅因为多讲"应该"可以让孩子知道正确行为是什么，还因为少讲"不要"可以回避孩子接触了解过错行为的机会。就是说，有时"不要"后面的话对孩子无异于提醒、暗示甚至是"引诱"。就比如说，孩子刚走进屋子，你对他说不要靠近电冰箱，千万不要靠近！孩子却偏偏会靠近电冰箱，东摸西摸。这不是孩子故意为难你，而是你的话"引诱"了他去那样做。

善于鼓励法。 什么叫善于鼓励？比如说孩子举止正常的时候，你几乎不大注意他，而他稍一动弹，一淘气，一吵闹，你就立刻注意起来，而问题就在这儿。大人多在孩子做得挺好时表现得像没看见一样，懒得使用鼓励的语言，却只看见孩子"坏"的时候。如果父母能够多注意孩子"好"的时候，在他行为正当时多给鼓励，而不是总盯着他的过错行为，这就是善于鼓励。

自我强化法。孩子的过错行为所导致的结果，对他自己也有强化作用，结果令人满意是正强化，孩子就会继续这一行为；结果令人痛苦是负强化，孩子就自发地改变这一行为。这叫作自我强化。利用这一规律有时也可矫正过错行为。例如，孩子不好好吃饭，哄劝打骂都不是上策。最好是暂且不管他，吃完饭立即收拾饭桌。不用多久孩子会说：肚子饿，想吃东西了。这时不能立即给他吃，饿一饿是饿不坏的。这饿肚子的体验，就是孩子不好好吃饭的自然结果，这一负强化作用比教训、哄劝和打骂都管用。遗憾的是，在孩子还没有体验到自己的行为所带来的不良后果之前，大人往往先沉不住气了，于是孩子失掉了学习该怎样做的机会。看来，父母有时狠下心，对孩子反而是一种更深沉的爱。当然，有些行为结果相当危险，就不能再等结果来自我强化了。

反面练习法。孩子有的过错行为如果已成习惯，往往会无意之间发生。为了矫正，家长有时可以不但不阻止过错行为，而且反过来有意让孩子重复练习过错行为。这样会引起孩子的注意，使其意识到这种行为不好，从而愿意自觉改掉。练习的结果是，原来无意的行为得到矫正。例如，孩子模仿别人不分场合抠鼻孔的习惯，无意之间一再表现出来。你发现了，可以命令他再做一遍！你会看到，经这样一练，习以为常的不文明的习惯动作，反倒可能练没了。

上面谈了矫正孩子过错行为的几种方法，如果结合使用，效果会更好。家长还要言传身教，注意不要做一些误导孩子的行为。

不要当面说孩子的过错行为。有些家长常说这样的话，"我这孩子可不听话了""我这孙子可会骂人了"。跟旁人说这些时，孩子就在身边。孩子的坏毛病有些就是这样"培养"出来的。

不要收买孩子。收买的结果是，把孩子不做坏事而做好事的动机由内在的变成外在的，而外在的动机总比内在动机力量小，所以过错行为容易照常发生。因此，即使可以对孩子进行物质奖励，也应放在事后。

不要使用没有准性的章程。比如同样的侵犯行为，昨天受到你的惩罚，今天你却面带笑容地不惩罚，这就是没有准性的章程。它仿佛交通信号灯今天红灯停绿灯行，明天绿灯停红灯行一样危险。

不要把"不准"只停留在口头上。对孩子的有些行为要明确表示"不准"，说一不二，坚决制止，否则就是放任。问题是有的家长把"不准"只停留在口头上，"不准打小猫！听见没有，怎么还打？告诉你，不准再打！"虽然口里一再说"不准"，却还是自顾忙手上的活儿，一直没有实际去制止。这就等于告诉孩子，父母的话可以不听。

不要忘记讲明理由。家长在禁止孩子的某些行为时，不要忘记说明为什么。孩子对不明白为什么禁止的，往往偏要试探一下。"这包里的东西不准再吃了。"孩子听了这句话偏要偷着吃一点，禁果分外甜嘛。告诉他"这包里的跟你吃的东西一样，是留给奶奶的，不吃了好吗？"这样效果就会好些。

爱穿妈妈裙子的小男孩

我的儿子楠楠今年4岁了。爸爸正在创业，工作繁忙，难得回家，我自然成了楠楠的最亲密的"伙伴"。楠楠非常喜欢我，我自然也非常喜欢自己的宝贝儿子。可是，忽然有一天，我看到了一幕非常困惑的情景：楠楠不知从哪里找到了我的一条漂亮的裙子，正在非常专注认真地往自己身上穿。楠楠为什么穿我的裙子？我应该怎么办？

——楠楠妈妈的烦恼

听听专家怎么说 性蕾期的正常反应

男孩试穿妈妈的衣服的情况，因年龄不同而有不同意义。如果是四岁之前，男孩穿妈妈的服饰，与玩弄爸爸的东西没有两样，基本上是出于一种好奇，是一种对新奇事物的尝试和探索。这不仅与异装癖不是一回事，而且也与性没有任何关系。

如果到了四五岁的时候，像楠楠这样，就与孩子的性心理发展有关了。四五岁的孩子开始有了性心理的萌芽，在心理学上有人叫作"性蕾期"。这个年龄的孩子开始意识到男女之别，开始对异性有了一种不同于同性的感觉。当然，这时候与进入青春期的性体验是不同的。他们会模仿成人扮演爸爸妈妈，生小孩，过家家。由于父母是孩子接触最多的异性，所以，处于性蕾期的孩子，对异性父母开始有了某种特别的好感。女孩特别喜欢和爸爸撒娇，而对妈妈有些排斥，男孩特别喜欢和妈妈亲昵，而对爸爸有些排斥，于是，出现了"亲子三角关系情结"。所谓的"恋母情结"与"恋父情结"，就是指这种情况。楠楠试穿妈妈的裙子，其实是喜欢妈妈的一种表现，是性蕾期的正常反应。

一般情况下，孩子过了这个年龄也就进入了性心理发展的"潜伏期"，表现出了对异性的排斥和疏远。这时候，男孩开始接近父亲，更愿意模仿父亲，女孩喜欢接近母亲，更愿意模仿母亲。于是，亲子三角关系情结也就自然化解了。

专家教你这样做 增加孩子和爸爸交往的机会

那么，面对楠楠这样的情况，妈妈应该怎样对待？下面是两种不同的对待方法，你看哪一个好。

对待方法一：

妈妈："楠楠，那是妈妈的裙子，你在干什么？"

宝贝："妈妈穿裙子真好看，我喜欢，我也要穿。"

妈妈想到了听说过的"异装癖"，忽然神经紧张起来！

妈妈："男孩穿女人的裙子，不是好孩子！没出息！"

对待方法二：

妈妈："妈妈的裙子很好看，是吗？爸爸的服装更好看。"

说着，妈妈给楠楠找出了爸爸漂亮的领带。

宝贝："爸爸的领带真好看。"

楠楠戴上爸爸的领带，露出很神气的样子。

妈妈："等一会儿你和爸爸比比谁更像个男子汉。"

在上面的对待方法一中，楠楠被妈妈说成"不是好孩子，没出息"，可真有点蒙冤了。楠楠的行为与异装癖没关系。这种批评斥责的方法显然不可取。通常情况下，父母对性蕾期孩子的一些表现，应该像对待方法二中的妈妈那样，顺其自然，巧加引导。其中，在日常家庭生活中营造常态的亲子关系很重要。比如，减弱妈妈与男孩的关系，增加男孩和爸爸交往的机会，就有助于孩子顺利走过这一段。

家长的惩罚是孩子犯倔的原因

我有一个男孩。我丈夫去了外地一个城市做生意。快满5岁的儿子自小跟着丈夫在外地生活。我在家里生活感到很没意思，就从老家来到这个城市。没想到的是，丈夫竟然出轨了。

一天，丈夫说好回来吃饭，却没有回来。儿子为此很不高兴，不理我。一气之下，我把儿子狠狠地打了一顿。可是儿子很倔，任凭怎么打，就是瞪着眼，一声不吭，不哭，不求饶，而且表现出很轻视我的表情。俗话说，打在儿身上，疼在娘心上。打完儿子，我心疼地紧紧抱着他，泪如雨下。但只要碰到一点不顺心的事情，我还是会打儿子。

昨天，我又一次狠狠地打了儿子。打完，我一个人坐在客厅的地板上哭到天亮……我担心哪一天会失手打死儿子。我这是怎么了？孩子脾气怎么这么倔？我该怎么办？

——宝妈的烦恼

听听专家怎么说 · **不要毫无理由地乱打孩子**

由此想到一个故事：一位丈夫在单位受了冤枉气，心里憋着一肚子火回到了家，本想好好放松一下，没料到和妻子不过几句话就闹了起来。面对丈夫的大发雷霆，妻子莫名其妙。正一肚子气的时候，刚好6岁的儿子小建跑回家。"你为什么才回家？！"妻子满腔怒火，抬手给了儿子一巴掌。小建刚才还高高兴兴，让妈妈一巴掌打得不知如何是好，正不知如何发泄的时候，回头看见小花猫在院子里正朝自己摇尾巴。小建转身来到院子，一脚把小花猫踢出去老远，小花猫回头朝小建嗷嗷地直叫，分明是在表达自己的强烈抗议：为什么平白无故踢我？

故事中的心理现象在心理学上叫作"转移作用"。人们常有这样一种心理倾向，由于某种原因无法面对对象直接表达或发泄，把自己对这一对象或愤怒或喜爱的感情转移到替代性的对象身上，从而缓解心理压力。但转移作用往往不能从根本上解决问题。这位年轻妈妈就是把对丈夫的怨气转移到了儿子身上来宣泄压力，却自食了乱用转移作用的恶果。孩子不哭，是一种反抗：为什么毫无道理地让我蒙受了不白之冤？孩子不哭，也是一种防卫：凭什么这样伤害我这样一个弱小的无辜之人？孩子不哭，还是一种轻慢：这样软弱无能的妈妈我为什么要哭？

我一直主张，打孩子在必要的时候也是一种惩罚措施，但最好不打孩子，更不能没有道理地乱打孩子。孩子虽小，他十分清楚自己是否该打。父母没有道理的惩罚，往往是导致孩子犯偏和对抗的首要原因。

孩子犯偏，不听话，和父母对着干，还有年龄特征方面的原因。四五岁的孩子，正处于一个特殊的年龄阶段。他们的心理特点是不平衡、不安定、不调和，和处于第一反抗期的两岁孩子一样，情绪不稳，脾气暴躁，变化很大，喜欢和别人对抗。

孩子不服打，脾气偏，还有个性特征方面的原因。一个孩子一个脾气。所谓脾气，在心理学上叫作气质。人的气质分为四种类型：胆汁质、多血质、黏液质、抑郁质。其中胆汁质的孩子大多脾气急，脾气偏。这样的孩子在父母管教的时候，很容易和父母"顶牛"，对着干。

孩子脾气偏，讲道理不听，有时候还是任性的表现，是故意要引起大人的关注或者是要挟大人。这时，你越是紧张，害怕，着急，上火，孩子就越起劲儿。

专家教你这样做 任何时候都不能拿孩子撒气

孩子犯了倔脾气的时候，我们该怎么办？

首要的是理解孩子，尊重孩子，读懂孩子的心。孩子不听话，不接受大人讲的道理，往往因为大人不懂"小人"心，没有用孩子的眼光看问题。孩子眼中的世界常常和成人的全然不同。我们应该唤回自己的童年，唤醒自己的童心，学会置身孩子的立场，用孩子的眼光看世界，用孩子的心感受生活，孩子的心才能和我们相通。

读懂了孩子的心，我们在管教孩子的时候就会多一些成功，少一些失误。比如，即使孩子有过错，我们也不会盲目打骂，更不会拿打孩子来宣泄自己的怨气。比如，四五岁孩子软硬不吃，我们也会多一份理解。比如，我们管教胆汁质的孩子就会多一些策略，不去轻易触动他的倔脾气。再比如，孩子犯脾气无论是任性地要挟大人还是要引起大人的关注，我们都会选择最好的办法：不予理睬，这样孩子感到没趣，反倒会平静下来。

在上面的故事中，男孩犯脾气，明显与家庭关系特别是亲子关系相关。父母的关系他不理解，母子的关系也让他很困惑，才有了脾气。如果父母理解孩子，就会处理得妥当一些。

当然，任何时候我们都不能拿孩子撒气。前面这位妈妈的难题，很大程度上是一种情感转移，是把成人之间引起的情绪问题转移到了孩子身上，是拿孩子撒气。这就怪不得孩子犯脾气了，妈妈怎么能随便乱打孩子？

孩子，哭吧哭吧不是罪

我的儿子从小留下了爱哭的毛病。儿子今年6岁，快上学了，可至今还是那么爱哭。不管大事还是小事，只要你一批评他，他的眼泪就吧嗒吧嗒地往下流。为这个毛病，我们不知说过他多少次，打过他多少次。可孩子这个爱哭的毛病就是改不了。对这种情况我们该怎么办？

——宝妈的烦恼

听听专家怎么说 **孩子爱哭有心理原因**

我们得看到，哭，常常是孩子表达和宣泄感情的方式，是正常的。但是，生活中确实有些孩子比较爱哭。孩子爱哭这种情况，都有其心理上的原因。大致说来有哪些呢？

孩子性格比较敏感。有些孩子对很小的事，反应也比较强烈，就容易哭泣。

早期的教育方式不当。哭，其实是孩子对付成人的一种手段。起初，这些孩子只要对某一件事感到不满足，就用哭来作武器。家长一见到眼泪，马上向孩子妥协，答应孩子的要求，满足孩子的愿望。孩子也就掌握了对付家长的办法。

生活能力较差，就用哭来求助。

遇到困难没有办法，只好自己用哭来宣泄。

专家教你这样做 **不要被孩子的哭牵着鼻子走**

对孩子爱哭这种情况，家长应该怎么办呢？

对孩子的敏感要重视。 敏感的孩子，对"重大事件"的感受程度比别的孩子要深。因此，家长嘲笑甚至批评这种敏感是错误的，应该理解和同情孩子。

培养孩子的自尊心。 为此，家长不应该对孩子要求太多，让孩子做他能力达不到的事。

引导孩子把哭泣变成语言。 教孩子在遇到困难或不顺心的事时，把自己的想法说出来，家长可以更好地理解他的想法和要求，更有针对性地帮助他。

不要批评孩子想做事的愿望。 比如，孩子想画画，在纸上用彩笔画花朵和青草，但他画着画着就到墙上去画了。这时，家长应该表扬他的画画能力，教育他不要往墙上画。如果只批评，他会感到委屈而哭。

培养孩子战胜困难的勇气，引导孩子遇到困难要敢于克服。 对于他们在与困难作斗争中取得的点滴成绩，家长应给予及时和明确的肯定，让孩子感受成功的喜悦。经过培养，孩子在"难题"面前就有了办法，自然也不会哭了。

不要助长孩子的哭。 家长特别要注意不要被孩子的哭牵着鼻子走，对孩子的哭可适当采取置之不理的忽视态度，不让孩子的哭泣得到"好处"。孩子觉得哭没有用，也就不再用这种手段了。

不要给孩子贴"爱哭"的标签。 有些孩子留下爱哭的毛病，就是成人不断重复强化的结果。所以，重要的不是贴"爱哭"的标签，而是按照上面说的，采取多种方法及时引导，孩子也就克服了爱哭的毛病。

别否定孩子的负面情绪

我有一个6岁的男孩，刚刚上学前班。儿子别的方面都挺好，就是一个毛病——最近回家来时常发脾气。有一天，在学校里不知出了什么事，儿子回到家来就开始大发脾气，一面喊叫，一面敲桌子，我一阻拦更急了，一个劲儿地打自己。弄得我不知如何是好，只好先躲开他。没人理睬他了，一会儿工夫他反而平静下来了。问他怎么了，他说没什么。孩子是不是心理出了什么毛病？我该怎么办？

——宝妈的烦恼

听听专家怎么说　发脾气就是为了宣泄情绪

不用担心，就介绍的情况看，孩子心理上没什么毛病。面对孩子的这个问题，家长首先应该做到的是理解孩子。

孩子发脾气有时候是身心健康的需要。孩子刚刚去学前班，面对新的生活环境，难免会遇到不顺心的事情，上课学习啊，同学关系啊，都会让孩子感到一时难于适应。这些都会让孩子产生情绪压力。虽然由于个性的不同，孩子的表现强度不一样，但是，孩子都会有消极的情绪需要表达。人的消极情绪是需要释放的，这对心理健康有好处。否则，消极情绪不断地积蓄在心，对孩子的身心都会带来伤害。孩子发脾气很可能就是为了宣泄情绪。能够回到家里再宣泄，应该说是孩子理性的选择，是应该肯定的。

专家教你这样做 ᠈既要疏导又要指导

理解了孩子，家长可以从两方面帮助孩子。

疏导。作为家长，往往不喜欢孩子表达消极的情绪，一旦看到孩子哭闹发脾气，就会斥责，就会阻止，似乎孩子从来没有什么不高兴就天下太平了。其实，把消极的情绪憋在心里，像气球一样，憋气太多了也许会爆炸的。所以，家长不要采取简单禁止的办法，而应适当地疏导，在孩子出现消极情绪的时候，引导孩子采取合理的方式宣泄出来。比如，让孩子有话对家长诉说，太难受了也可以哭闹一番。孩子过一会自己就平静下来，正是宣泄的效果。

指导。一面是疏导孩子宣泄消极情绪，一面还需要培养孩子的积极情绪。人的情绪是由对事情的认识决定的。所以，家长平时要多和孩子沟通，指导孩子学会换个眼光看问题，经常看到事情的积极面。比如，孩子说出了什么不顺心的事儿，家长可以引导孩子想想顺心的地方。这样，从根本上调整了孩子的心态，孩子对生活有了乐观积极的心态，也就从积极的角度达到了心理平衡。

拆玩具是孩子探究新事物的途径

我儿子刚刚两岁，应该说平时是很讨人喜欢的，就是有一样太气人了，只要有什么新鲜一点的玩具或别的东西到了他手上，一会儿工夫准给你鼓捣坏了。哎呀，不知他亲手破坏了多少好玩具！为这，我都管过孩子好几次了，也不管用。这不，最近他爸爸出差，今天回家给宝贝儿子新买回来一辆玩具汽车。孩子倒是真喜欢，小汽车到了手上，着迷一样地就自己玩了起来。可一会儿的工夫，他就便把小汽车给鼓捣坏了，小汽车被拆成了好几块，轮子也掉了。他爸爸说是花了不少钱买的，真拿他没办法。这孩子怎么这么能破坏东西？怎么这么气人？

——宝妈的烦恼

听听专家怎么说 **好奇心引起的探索性和创造性行为**

从心理学角度看，孩子的这种破坏性行为，是由好奇心引起的一种探索性行为，是创造欲望引发的一种创造性行为。孩子长到一两岁，随着肢体的发育，活动能力逐渐增强，个体的独立性加强，他们认识事物的积极性也增强了。他们对世界的认识，已经不再满足于以前的用眼看，用嘴咬，还要用双手去触摸，用身体去试探；已经不再满足于对事物表面的认识，还要去探究事物内部的秘密。

以前那些只能看到不能摸到的，他认为神奇的东西，对他都是那么具有吸引力。这个阶段孩子的探索性和创造性行为，有一种执着性和坚韧性，有一种打破砂锅问到底的精神，不把秘密弄明白，他是决不罢休的。同时，这时候的孩子，既没有是非观念，也没有道德观念，更没有价值观念。他们不知道什么叫好东西和坏东西，不知道什么叫值钱的东西和不值钱的东西。他们只是被求知的欲望所驱使。于是，许多好东西被他们亲手"破坏"了。于是，他们的这种探索性和创造性行为，似乎成了一种破坏性行为。

这样看来，孩子的破坏性行为是一件好事了。有人说，小时候拆汽车的孩子，也许就是将来的汽车大王！

专家教你这样做　保护孩子的这种"破坏性"行为

对于孩子的这种破坏性行为，父母应从两方面着手引导。

父母对孩子这个阶段的某些破坏性行为要正确认识，要看到其背后表现出来的是孩子正常的心理特点，是孩子的一种积极的探索和可贵的创造。

在行为上要保护孩子的这种破坏性行为。父母不能随意训斥或打骂孩子，而应该鼓励孩子去积极地认识新事物。必要时父母还应给孩子创设一定的探索环境，让他拆卸一些东西，以帮助孩子满足探索事物、认识事物的欲望，以保护孩子积极的探索精神和可贵的创造精神。比如，当孩子要拆卸玩具汽车时，父母就可以帮助他拆卸，拆卸以后，再帮助他安装起来。这样，既满足了孩子的好奇心，又使他认识了玩具汽车的构造，培养了孩子的观察力和动手操作能力，同时也培养了孩子的探索精神和创造精神。有些在某一领域很有成就的人，就是从小时候的这样的破坏性行为起步的。

当然，孩子有时是因为发脾气，故意把东西弄坏。对这种破坏性行为，父母要坚决制止，而且要弄清孩子不高兴的原因，有针对性地加以教育引导。

孩子的攻击性从哪里来？

大山是个6岁男孩，破坏能力极强，喜欢攻击别人。只要谁惹他不高兴，他都敢大喊大叫。在幼儿园里，大山课间时经常打骂同学，上课时公然乱说乱闹，公然顶撞老师，而且很不讲卫生，座位周围又脏又乱，还经常往同学身上吐口水。

经过多向的沟通老师了解到，大山妈妈是一名司机，因身体不好一直请病假在家；爸爸是工人，被单位买断了工龄，靠打工维持生活；大山姥爷脾气很大，大山小时候就是由姥姥姥爷带大的。大山父母有暴力倾向，对孩子的教育方式就是打骂。如果大山的东西被其他孩子弄坏了，家长就唆使大山狠打那个孩子。有一次，大山把同学打了。幼儿园老师问他："如果人家家长找到你家去，怎么办？"他说："我爸放狗咬他。"老师问："如果人家叫警察来呢？"他说："我爸的哥哥就是警察的头儿。"

最近，大山由于一次犯错误后承认了错误受到老师表扬，有些进步了，打人和顶撞老师的现象明显减少，毁坏同学东西的行为也少了很多。但是，大山上课仍然不听讲，出怪声，一到下午就说太阳晒，干脆坐到地上甚至趴到地上去玩了。为了孩子改变得更好，大山的父母来到心理咨询室。

——大山的故事

听听专家怎么说 **攻击性缘于家庭生活的影响**

很明显，大山的攻击性与家庭教育的失误有关。

一般说来，孩子的暴力倾向、破坏性和攻击性，往往有家庭生活的影子，往往缘于家庭生活的影响。这就是所谓的家庭塑造性格。

大山就是生活在一个崇尚暴力的家庭。大山的姥爷会给他消极的影响。大山的父母更是有暴力倾向，习惯于用拳头说话，不习惯给孩子讲道理。孩子的东西被别人弄坏了，妈妈就唆使他用武力解决问题，也说明这位妈妈是主张暴力的。就是在这样的一个暴力家庭氛围的影响下，孩子才会出现破坏性和攻击性的坏毛病。否则，孩子也不会这样说话："我爸放狗咬他。""我爸的哥哥就是警察的头儿。"

专家教你这样做 **暴力是不可取的**

这个故事启示我们，在家庭教育中，任何时候，暴力都是不可取的。其实大山并不是很难教育的孩子。老师的一次表扬就让他有了进步，正说明了这一点。关键是大山的父母，要跳出崇尚暴力的家教的误区。

大山的父母应该怎么办？眼下，大山的毛病这样多，而且有些已经形成习惯，改起来当然不容易。所以，不要期望一个早上让大山完全变一个人，要慢慢来。最理想的办法是，家长要转变教育观念，做到既不要放纵孩子，也不要再对孩子施暴，要学会给孩子讲道理。也许，就大山家长的情况来说，要一下子改变自己也不是很容易的。但是，为了孩子的成长，大山的家长应该准备付出应有的努力。

"好情绪"与"坏情绪"

饭桌上，爸爸妈妈和小俊正在吃饭。小俊不到两岁，一边吃一边玩，一会玩勺子，一会玩筷子。一不小心，勺子碰到了自己的小脑瓜。好家伙，这一下碰重了，小俊一个劲儿地撇嘴，眼泪也围着眼圈转。爸爸说："小俊坚强，小俊不哭。"妈妈却抱过小俊心肝宝贝地哄，小俊的眼泪"哇"的一声哭出了声。一会儿，小俊平静了下来，继续一边吃一边玩，腮边还挂着眼泪，却已经开心地笑了起来。

爸爸对妈妈说："男孩子应该坚强，你这样不行。"妈妈对爸爸说："强压泪水对孩子心灵健康不是好事，你懂什么。"两人争执不下。究竟该不该让孩子流眼泪？应该怎样对待孩子的情绪呢？

——小俊的故事

听听专家怎么说 孩子容易成为情绪的"俘虏"

孩子的喜怒哀乐通常是很真实的，也很强烈，往往直接支配着他的行为。一件在成人看来芝麻大的事，常常可以引发孩子十分强烈的情绪波动，甚至引起情绪的"海啸"，使孩子的表情、声调、手势和姿态发生变化。

与成年人相同，孩子的情绪也有消极和积极之分。1岁左右，孩子的情绪开始分化。两岁时，孩子出现各种基本情绪，即愤怒、惧怕、焦虑、悲伤等消极情绪和愉快、喜悦、欢乐等积极情绪。积极的情绪对孩子的身心发展能起促进作用，有助于孩子潜在能力的发挥；消极的情绪则可能使孩子的心理失去平衡，甚至影响他的人格健康发展。

一个人情绪反应的强度和持久度，在一定程度上取决于对触发情绪反应情境的认识和评价。年龄越小的孩子，对情境的认识和评价会越多地取决于其基本需要是否得到满足。一个两岁多的孩子，可以因为妈妈不给他一颗糖果而大哭，或者因为得到糖果而破涕为笑。这就是孩子，孩子就这样容易成为情绪的"俘虏"。

专家教你这样做 / 教会孩子进行情绪自我调节

对孩子来说，产生情绪波动是再平常不过的事了。当一个成人发脾气的时候，旁观者常会知趣地离去，或者以好言相劝。然而，当一个孩子发脾气的时候，他受到的却可能是训斥，甚至是打骂，这实际上是不公平的。我们需要教会孩子进行情绪的自我调节。

要指导孩子学会恰当的情绪宣泄方式。哭，是孩子情绪宣泄的一条重要方式。在很多情况下，哭使孩子在紧张状态中变得轻松了一点。有人说，最残忍的事莫过于不让孩子眼眶里的泪水往下淌。因为在这种情境下，孩子只能强行压抑自己，其内心不良的情绪体验会变得更加强烈，积压的能量只能伤害身心。所以，对孩子来说，特别是对还不会说话的孩子来说，哭是一条很好的情绪宣泄渠道。

倾诉，是孩子情绪宣泄的又一种合理方式。对已经会说话的孩子来说，哭就不是最好的宣泄方式了。家长要让他们学会诉说，以寻得同情、理解、安慰和支持。孩子对家长有很大的依赖性，家长对孩子表现出的同情或宽慰，会缓解甚至清除孩子的心理紧张和情绪不安。即便孩子的倾诉可能并不合乎情理，家长也要耐心地听下去，至少保持沉默，等待孩子情绪的风雨过后，再与他细作理论。

转移，也是孩子情绪宣泄的一种良好方式。对大一些的孩子，家长还可以让他们学会在情绪不好时，尽快地摆脱引起消极情绪的情境，转移到自己感兴趣的其他活动中去。比如，孩子为了玩具而与其他孩子发生争执，家长可以引导他去别处玩一会儿。孩子的情绪变化非常快，用不了多大工夫，就会忘掉刚才的不高兴。

要指导孩子进行恰当的自我心理防卫。当消极情绪构成心理压力的时候，孩子也会自发地采取一些自我心理防卫机制，来缓解心理紧张和情绪不安。比如，幼儿园大班的一个男孩，平时经常暗中欺负其他孩子，大家都惧怕他，对他敢怒而不敢言。一天，老师让大家集体创作《百猴图》。那个专门欺负别人的男孩画了一个孙悟空，十分得意地贴在了墙上。那些常受他欺负的孩子，不约而同地都画了手拿金箍棒的孙悟空，个个怒目而视，杀气腾腾，他们又不约而同地把所画的孙悟空都贴在了那个小男孩的图画周围。当了看到这一场景时，大家都高兴地跳了起来。他们借助孙悟空的手，"报复"了平时欺负自己的孩子，使心理得到了一种替代性的满足。这种做法在心理学上叫作"转移作用"，就是由于无法面对对象直接表达，把自己愤怒或喜爱的感情转移到其他替代性的对象身上。这样的自我心理防卫，有时候可以缓解心理压力。

当然，如果运用得不适当，或者过多地运用，同样的心理防卫机制就会带来消极的结果。比如，一个受到家长严厉责骂的孩子，当着家长的面可能会忍气吞声，可是一离开家长，他就可能通过破坏玩具或欺负同伴等方式来发泄自己的情绪。由于他转移的发泄对象不适当，尽管他得到了暂时的满足，但是，他的做法不能被社会所接受，并且有可能使自己的情绪陷入恶性循环之中。

因此，家长应该给孩子以积极的引导，让他们通过恰当的自我心理防卫来宣泄消极情绪。所谓恰当，关键的一条就是，对个人和社会不构成现实的危害。这样的自我心理防卫才有利于孩子心灵的健康成长。

孩子喜欢夹腿是不是学坏了？

　　我是一个5岁男孩的母亲。我的孩子3岁时进了幼儿园，平时表现聪明、懂事，自理能力也比同龄的孩子强得多。前不久根据孩子生长发育的实际情况，我和丈夫接受了幼儿园老师的建议，把孩子转入另一所幼儿园中班。到了新环境后，由于对新老师不熟悉，孩子就产生了紧张情绪，午睡时想小便也不敢叫老师，只能夹紧两腿憋尿。后来他就养成了睡觉前夹紧两腿的习惯，一直延续至今。有一天，孩子对我说出了心里话。他说每次夹腿后就有心跳、脸红、舒服的感觉。我一听暗暗担心：孩子会不会学坏了？孩子出了什么毛病？

——宝妈的烦恼

听听专家怎么说　夹腿是幼儿的一种不良习惯

　　不用担心你们的孩子学坏，孩子的行为可以叫作夹腿综合征。这种情况常见于学前儿童，是幼儿的一种不良习惯，类似手淫，但不伴有性意识，只带来一定的快感。由于一些偶然的原因，发生了一次对生殖器的摩擦、挤压一类的刺激，体验到一种快感，孩子就会出现继续这种行为动作的欲望。于是，这种动作逐渐地会成为一种习惯性行为。有些幼儿在一些用裆部摩擦的游戏中也会体验到类似的感受，而去重复有关的动作。这样的孩子的身心发育，特别是泌尿生殖系统、神经系统均无异常，家长不用担心孩子得了什么毛病。因此，除个别过分严重的需专业人员诊治以外，大多数孩子不用采取特别诊治措施。

专家教你这样做 **千万不要为此而大惊小怪**

面对男孩这个习惯，家长该怎么办？

丰富孩子的生活。引导孩子多参加各类有趣的活动，丰富有趣的生活会在无意间冲淡重复夹腿动作的欲望。

孩子的生活要有规律。把孩子的作息时间安排紧凑些，睡前醒后不让孩子一个人在被子里呆过长的时间。

睡前引导孩子做心理放松。和孩子一起听听音乐，或在音乐中给孩子讲故事，让孩子在一种轻松愉悦的氛围中入睡。

一般情况下，对孩子的这一行为习惯最好给予忽视。在前面几种措施的配合下，忽视的结果常常是，孩子不知不觉中告别了那种习惯性的动作行为。

只有在问题比较严重时，才有必要以孩子适宜接受的语言，和孩子谈谈这种行为可能产生的不良影响。应注意的是，在孩子一旦淡化了这种行为后，家长就不必再提及此事，避免无意之间反而产生强化作用。

注意孩子健康性格的培养。孩子这种行为的起因，与生活环境的变化有关。因此，家长要注意在日常生活中培养孩子活泼开朗的性格和人际交往的能力，以提高孩子适应新环境的能力。

总之，父母千万不要为此而大惊小怪因为成人的大惊小怪实际上等于一种强化刺激，使孩子的有些习惯动作更巩固，"钉"在了孩子身上。所以，一定要处之泰然，措施自然，在自然而然的情境下，使孩子的这种行为习惯逐渐消除。

如果你也有一个任性的孩子

我的儿子今年4岁，我发现，最近越来越不听话了，凡事都得由着他的性子来，非常任性。

以前我说什么，孩子都非常乖。记得好像是不到两岁，就是刚刚学说话不久，孩子就开始任性不听话了。我和他爸爸对他说什么，他嘴上总是"不，不，就不"，而且开始不尽情理地发脾气，耍威风，嘴上一说要什么，就非马上到手不可，不容商量，不知道忍耐和顺从。

后来好长一段时间似乎好了一些。但他今年又犯病了，不光是嘴上说"不"，而且任性地发脾气，跟大人对着干。那天，他正蹲在脸盆前玩水，我看到他脸上的汗水，顺口说道，快洗洗脸，多脏。没想到孩子盯住我，不动声色，明显地故意对抗。我连说几次，孩子似乎上来任性的劲头，就是不洗。结果，我和他闹得非常不愉快。孩子为什么变得这样任性了？

——宝妈的烦恼

听听专家怎么说 任性是家庭生活的产物

孩子任性的原因有很多方面，我们这里就专门谈谈让孩子任性的原因有哪些。

年龄特征。孩子的任性，有时是年龄特征的表现。前面案例中男孩的任性，主要就是这个原因。我们曾经谈过，孩子的成长不是匀速平稳发展的，有比较好看管的平稳阶段，也有比较棘手的不平稳的阶段。最初，孩子不知道"自己"，玩弄自己的小脚就像玩弄别的玩具一样，表现很乖。伴随语言的发展，他开始有了自我意识的萌芽，1岁左右说出第一个词，1岁半左右开始知道了自己的名字，3岁左右开始会说"我"。这时，孩子的心灵处在对社会的顺从和体现自我的对立和矛盾中。孩子开始要表现自我，凡事都喜欢说"不"，为了确立自我意识，自然要对抗父母。于是，孩子让人感到开始学会任性了。这是"第一反抗期"的表现。

随之而来的是一段较平稳的阶段。到4岁左右，孩子又进入一个特殊的年龄段。他们和处于第一反抗期的两岁孩子一样，心理不平衡，情绪不稳，表现粗野，时常胡闹，最喜欢拒绝别人的要求，和别人对抗，不顾忌别人的心情，有人称之为软硬不吃的"小暴徒"。

气质类型。正所谓一个孩子一个脾气。所谓脾气，在心理学上叫作气质。我们已经知道，气质是孩子身上最早出现的个性特征。人的气质分为四种类型：胆汁质、多血质、黏液质、抑郁质。其中，胆汁质的孩子大多脾气急，脾气偏。这样的孩子很容易和父母"顶牛"，对着干，让人感到非常任性。但他们的任性时间短暂，时过境迁，很快就会好起来。

有个5岁女孩，其他方面发展挺好的，就是有一点让人不放心。作为一个女孩，应该很温顺的，她偏偏从小脾气就非常大，一阵一阵的，有时候犯起脾气，任性胡闹，谁的话也不灵。有一天，她说喜欢同伴身穿的一件裙子。妈妈知道她的脾气，就赶紧给买来了。谁知又不对她的心思，这就开始发脾气，又哭又闹，当时怎么劝说也不行。没办法，妈妈爸爸只好先回自己的房间，让她去闹，说来也怪，不久就听她在外面安静下来，看起了电视。这是胆汁质的典型表现。

人格障碍。晓伟还在上学前班，平时不爱惹是生非，很乖，可最近经常一阵一阵地冲动上火，脾气暴躁。有一天，他又和同伴发生冲突，和老师顶撞。老师怕他冲动，请来了他的母亲。没想到这下更麻烦。晓伟一看妈妈被请来了，立刻激动起来，怒不可遏，当即就冲进办公室打翻了老师的办公桌，然后跑入教室，推翻了好些课桌，完了又冲了出去，就像一头发怒的小狮子。老师和家长谁也劝不好，拦不住，面面相觑，一起摇头叹息：晓伟到底为什么这样任性？

晓伟的行为属于爆发型人格障碍的表现。爆发型人格障碍的孩子，常因微小的精神刺激而突然爆发出非常强烈而又无法控制的愤怒情绪甚至暴力行为。他的情绪和行为具有突发性、不稳定性和反复性。由于控制能力差，这样的孩子容易与别人发生争吵或冲突，往往可以因一点微不足道的小事，突然爆发出非常强烈的愤怒或暴力行为；每次在暴怒或暴力行为之后，十分内疚懊悔；在间歇期表现正常，能与人正常相处，但过不了多久，暴怒或暴力行为等又会重新表现出来。这种孩子的挫折耐受力差，遇到的刺激强度即使很小，也能触发强烈的情绪反应，给人的感觉是任性地胡闹。

教育失误。一位来访的年轻母亲诉苦说：我们孩子越来越不听话，全家人谁都得听他的。有一天，他非要晚上去买喜欢的饮料。我们说已经晚了，明天再说。孩子就以哭闹甚至哭得死去活来相要挟。沟通中了解到，男孩不满3岁，主要由爷爷奶奶带大，他们家族中就这么一个男孩，爷爷奶奶非常溺爱，结果男孩越来越任性。而且爷爷奶奶还把孩子任性当成口头语挂在嘴上，当着孩子的面总是"这孩子真任性，谁都得听他的"。

性格是生活的产物。极端自我中心的生活环境必然培养出任性的孩子。有些家庭把独生子女视为珍宝，一味娇惯溺爱，把孩子地位摆得过高，使之处于特殊化的地位，成为家里的中心，让孩子的自我中心意识过度膨胀。家长一切由着孩子，纵容放任，孩子怎能不任性？而成人当着孩子的面反复地述说孩子的任性，好比给孩子贴上一个消极的标签，就足以把孩子引导成一个任性的人。可以说，孩子的任性常常是成人"培养"的结果。

专家教你这样做 / **不给孩子学习任性的机会**

一开始就不迁就。我看到这样一段故事。舒拉小时候也有过任性哭闹的表现，一次，他非要在饭前吃粉羹（通常饭后吃的一种食物）不可，为此大声哭闹起来。爸爸妈妈并没有哄他，而是先后走了出去，屋里只剩下舒拉自己。最开始，他仍然大声哭闹："给我粉羹！我要粉羹。"舒拉哭喊了一阵，不见回音，没有听众，就自觉没趣用木块码东西玩了。还有一次，他任性哭闹时，偷偷用捂着脸的手指缝看爸爸妈妈是否同情他的眼泪。爸爸妈妈照旧做着自己的事，谁也没给他当观众。事后，当然少不了要给他讲讲道理。就这样，家长很快治好了舒拉任性哭闹的毛病。我们自己有了孩子之后，也应该这样对孩子，对无理的要求从孩子小时就一点也不迁就。

这位家长的感悟是有道理的，作为一种性格特征，任性有很大的后天因素。孩子任性，常常怪不得孩子。有多少父母或祖辈，孩子刚一哭闹要性子，就心软了，就百依百顺。等到孩子已经掌握了任性哭闹这个要挟大人的"法宝"，知道任性可以摆布大人达到自己的目的而无休止地恶性发展下去时家长才发愁，这时就难办了。孩子出生后，就和父母处于一种亲子互动的关系中，互动过程中，他们会很敏锐地抓住时机学会影响父母，甚至要挟父母。所以我们必须从很早就注意对待孩子的态度和方式，不给孩子学会用任性要挟父母的机会。

及时满足孩子的合理需要。一位妈妈介绍经验：我认为，适时满足孩子的合理要求，也是预防孩子任性毛病的一个方法。比如，孩子一天没见到你了，想跟你亲热一番，让你讲个故事，这就是合理要求。为什么非要忙得顾不上孩子，等他大哭大闹犯起性子来再满足他呢？我们的孩子刚进幼儿园的时候，我就坚持这样的原则。送孩子的时候，不等孩子闹，我就把孩子抱在怀里，拥抱亲吻一番，满足他的亲情和皮肤感觉需要，而后绝不再迁就。孩子总能高高兴兴地跑进幼儿园，从没有因为不想离开妈妈而任性犯拧的时候。

孩子的任性常常是为了争取某种需要的满足。以合理的方式满足孩子合理的需要，这才是最睿智的。当然，满足孩子的需要一定要讲究条件，对于不能或不该满足的需要，一定要坚守原则，毫不妥协。最无效的做法是，等孩子任性发脾气了再来答应孩子的要求。

增加孩子过集体生活的机会。一位家长这样谈切身的体会：有一次，我刚刚给孩子买来一辆自动坦克。他在外面玩的时候，邻居几个小朋友看到了都围过来，有的提出要和孩子交换玩。孩子不愿意，傲慢地拒绝说："这是我爸爸刚给我买的，我还没玩够呢。"我赶紧劝说，可孩子就是不听，而且和我任性地大闹。就在我们吵闹之中，那几个小朋友继续用自己手里的玩具玩起了集体游戏，大家说说笑笑，非常开心。这时我的孩子不闹不吵了，静静地看着他们。最后不得不"求和"，和大家交换玩具一起玩。由此，我感到，预防孩子任性的毛病，让孩子和同伴一起玩耍、活动也是一个好办法。从此，我想了好多办法，给孩子创造了很多集体活动的机会。

任性是自我中心的产物，集体活动是破除自我中心的最好途径。因为集体活动必有其规范，遵从集体规范是参与集体活动的必须的前提。而孩子的天性就是不喜欢孤独，所以让孩子到伙伴中去，的确是富于远见的对策。具体做法，一是平时经常请邻居的小朋友到家里来，二是适时地放孩子出去找伙伴，三是及时送孩子入幼儿园，四是带孩子走亲访友增加集体活动的机会。

孩子打架为什么喜欢抓人脸？

儿子南南上幼儿园了。我去幼儿园接儿子回家时，常听老师或小朋友们告状：你儿子又把某某小朋友的脸抓破了。每当此时我就心生不安，面露尴尬。

我回家问儿子："为什么总是在幼儿园与小朋友们打架呀？"

儿子却说："爸爸，没打，和小朋友闹着玩呢。"

闹着玩？也是，凡是被儿子抓破过脸的小朋友，都是他的密友，都是他的"铁哥们"。我猜想，是儿子与好朋友闹着玩"打架"时，有专抓人脸的"恶习"吧。

一次，儿子的好友子天到家里来玩，刚玩上一刻钟，俩人就开始"打架摔跤"。开头两人乐哈哈地闹着玩，并不是"敌我矛盾"。忽然，处于劣势的儿子伸出小手去抓子天的脸！幸好儿子此次下手很轻，并没在子天的脸上留下印痕。

——南南爸爸的烦恼

听听专家怎么说 **具有伤害性的进攻行为**

小男孩的抓人脸的行为，是一种习惯行为。虽然男孩抓人脸并非恶意的"打架"，只是一种闹着玩，还算不上恶习，但是，这种行为也是孩子们争斗中的一种伤害性的进攻行为，如果不加纠正，逐渐强化会形成真正的恶习。因此，这是需要纠正的。或者说，孩子之间的争斗在所难免，从某种角度说也是孩子们成长所必需。问题是，成人要教给孩子一些规则，使孩子们从小就懂得，社会生活中即便是争斗，也是要遵守一定规则的。打人不打脸，就是应该教孩子遵守的规则。

怎样纠正孩子的这类行为？说教，效果难保；打骂，也不妥当。这确实是需要家长讲究点策略的。接下来，我们看看南南的父亲是怎样做的。

专家教你这样做 定好规矩练"打架"

送走子天，我把儿子叫到面前："刚才打架，谁赢了？"儿子一脸自豪："爸爸，我赢了。"我说："我看见你抓子天的脸了，小朋友打架抱在一起摔，赢了的才算真正的赢，如果犯规，抓脸打头就算输，所以这次你输了。"儿子一脸不高兴。我接着说："儿子，和爸爸打一次架好吗？你的力气大着呢，也许能赢过爸爸。"儿子听了我的称赞，转眼就又兴奋起来："我一定能赢，来吧。"我接着和他约定："可不准打头抓脸啊，不然，就算输。"儿子说："行。"

我蹲下来，和儿子抱在一起摔，我假装让儿子摔倒，儿子高兴地嚷："噢，我赢了，我赢了。"第二次，我把儿子摔倒，我也高兴地说："我赢了，我赢了。"第三次，儿子见久攻不下，有点急了，故技重演，伸出小手就抓我的脸，我说："你抓脸了，犯规！"儿子忙把小手缩回去，我又假装被儿子摔倒，儿子又高兴地嚷了起来。我忙给予鼓励："不抓脸，你也能赢，真棒。"儿子就嚷着再来一次……

如此，我天天与儿子练"打架"，慢慢地，儿子基本掌握了"打架"规则，伸手抓脸的毛病已经改掉了。

有一天放学，我去接儿子回家，见儿子正在看两位小朋友"打架"，猛然听儿子叫道："他抓人脸了，不算不算，输了输了。"嘿，这小家伙，不但自己改掉了打架抓脸的毛病，还当起了"打架"教练呢。

不听话的孩子就不是好孩子吗？

我的孩子才5岁，却经常和我顶嘴。我平日没空管孩子，所以教育孩子的问题，差不多都是妻子的事。我妻子又是个急脾气，莫非与此有关？

——宝爸的烦恼

听听专家怎么说 听话不是唯父母之命是从

作为孩子的父亲，能专门来讨论这个问题，本身就是对孩子的关心。你是孩子的好父亲。孩子听不听话的问题，确实是很多家长普遍关心的问题。

得先说明，我们说的听话不是唯父母之命是从，是指尊敬父母，接受父母讲的道理。因为在许多家长心目中，评价孩子好不好的首要标准是"听不听话"——听话，则是好孩子；不听话，则不是好孩子。有多少家长这样说："这是个好孩子，真听话。""那孩子不好，真不听话。"我曾把这种现象称为"听话教育"。听话教育，是我们的家庭教育乃至整个教育的本质特征之一。家长如果一味进行"听话教育"，把"听不听话"作为衡量孩子好不好的首要标准，就有失偏颇了。孩子只知道"听话"，就会淹没个性，阻碍其创造性的发展，因而对孩子成才也就不利了。再说，有时候听大人的话未必就对，不听大人的话未必就错。

当然，孩子小，家长需要多加引导，教育孩子尊敬父母也是正理。孩子听话，往往懂事早，学习认真，做事踏实，这自然是好事。所以，让孩子听从父母的教导，还是父母应有的本事。

专家教你这样做 / 对孩子讲点心理技术

那么，怎么让孩子乐意接受父母讲的道理呢？

看好情绪状态。孩子和大人一样，情绪有好有坏，有肯定情绪状态，如高兴，愉快；有否定情绪状态，如恼怒、愁苦。在肯定情绪状态下，孩子最易接受大人的说理；在否定情绪状态下，不说他，他还气不顺呢，这时说什么理他都难以听进去，弄不好只能增加抵触情绪。孩子小，情感易变。你就不妨抓住孩子情绪由坏变好的时机，来进行说理教育。

讲点心理技术。比如，孩子周末要睡懒觉，你不想让他起太晚了，可以说：起太晚了不好，放假也要在7点半之前起床。孩子不大乐意接受，讨价还价之后定为8点起床，这个钟点其实正是你所预计的。这种先提一个较高要求，然后退而求其次，往往让人容易接受的现象，在社会心理学上叫作"拆屋顶效应"。意思是说，如果你直接提出在对方的房间墙壁上开个窗子的要求，对方可能难于接受，但你先提出拆屋顶的要求，对方就容易接受在墙壁开窗的要求了。再比如，想培养孩子爱劳动的习惯，让他接受应该爱劳动的道理，那么，就让他从最低的要求做起，如吃饭时负责摆椅子，进而可以一点点地提高要求，这样孩子也较容易接受。这在心理学上叫"登门坎效应"，意思是先登进门再说，往往对方可以一点点地接受你的要求。

单独进行。过去有人说"当面教子"，如果理解成教育孩子要直接及时还可以，如果理解成当着别人的面教育孩子可就错了。孩子不听话，大多是有别人在场的时候。因此要说服孩子，最好找个没人的时候单独进行。

讲究辩证。事情往往有两面理，家长不能把孩子的某件事说得一无是处。孩子一高兴拿家里的墙壁画画啊，写字啊，你如果把这全盘否定，孩子哪能乐意接受？

考虑人选。说服的效果，往往取决于说服者本身的一些特点。比如，让孩子心目中更有权威的人来讲道理，孩子就容易接受；让跟孩子感情更相融的人来讲道理，孩子也乐意接受。

以身作则。这就是"身教重于言教"的意思。比如，父母做到了孝敬老人，跟孩子讲这方面的道理，肯定最有说服力。

当然，急脾气家长可能会在时间、场合、火候等方面把握不好，因而让孩子不听话。因此，父母首先要好好沟通一下，做到调控急脾气，以便找到让孩子听话的好办法。

换个角度看孩子说话不算话

我的孩子快4岁了，平时我们经常教育孩子要说话算话，外出或做什么事之前，常常跟他提前打个预防针，定下一些"规矩"。可是，我发现儿子经常事先答应得很好，到做的时候就说话不算话了。比如，去商场买东西时，我们提前说好了不买玩具，或者说好了他不许哭闹，他每次都答应得很干脆，可是，真到了商场，他就开始要玩具了，要不到就用"哭闹"来要挟。我该如何对待孩子的说话不算话？

——宝妈的烦恼

听听专家怎么说 ⌒ 孩子总以为自己的想法是对的

非常理解你的心情，教育孩子说话算话，也是好事。但是，我们不能忘了一点：小孩子还不知什么叫"信守诺言"，想怎样就怎样，说话不算话，是他们的天性，是他们的心理年龄特征。

所谓信守诺言，就是考虑对方的立场而抑制自我中心的行为。要做到这一步，需要人具有一定的"社会性"，就是说，需要孩子在社会生活中认识自己和他人的关系。而小孩子是以自我为中心的。瑞士心理学家皮亚杰首先提出"自我中心"这一概念，意思是指一个人只从自己的角度、用自己的眼光和感情去看待周围世界，处理所遇到的问题。皮亚杰认为，人在儿童时期表现出强烈的自我中心倾向，以为处在不同视角的别人所看到的东西与自己看到的一样，自己的想法总是对的。既然自己的想法总是对的，还谈什么信守诺言？因此，我们不能指望那些处于强烈自我中心阶段的孩子能"说话算话"。

专家教你这样做 **经常提醒孩子要说话算话**

影响人的心理发展的因素很多，其中一个是自然成熟。就是说，有些东西是随着年龄的增长自然而然发展起来的。所以，对小孩子的"说话不算话"，我们不妨先给点宽容。他们总有一天是能够做到说话算话的。

当然，我们也不能消极等待，甚至放任自流，放弃对孩子良好行为习惯的培养。孩子没有信守诺言，家长就用惩罚方式来教训孩子，这种做法是对孩子缺乏理解的表现。我们应该理解孩子的心理特点，积极引导和培养，应该经常地提醒孩子"记住自己答应的话"就可以了；同时，注意引导孩子懂得不能心里只有自己，要想到别人。随着自我中心意识的淡化，孩子也就说话算话了。

如果孩子是故意为难父母而说话不算数，父母就要在孩子第一次这样的时候，坚决做一次"斗争"。比如，孩子到商店就要玩具，父母应该在第一次就坚决制止，而不要等到孩子形成了习惯再纠正。

特别需要提醒的是，不能因为孩子偶然的表现就刻意强调这一点，给孩子贴上"说话不算话"的标签。那样，孩子兴许真的会变成一个不讲信用的人了。

孩子天生不会撒谎

　　一个6岁的孩子，不小心弄丢了爸爸刚买来的小玩具，回家后主动向妈妈承认错误。这是孩子可爱的诚实。按理，做妈妈的应耐心询问在什么时间什么地方丢的，帮孩子去找找；如果找不到了，也要肯定孩子的诚实，告诉孩子以后要细心谨慎，这也就很好了。可是，这位妈妈很不冷静，一听说刚买的玩具丢了，劈头盖脸就打起来，打得孩子晕头转向，伤心地哭了。

　　不久，这孩子在家里玩，不小心碰坏了一个玻璃杯，当时吓坏了。妈妈回来看到了，厉声问："这是谁弄的？！"他想起了上次丢了玩具挨打的事儿，随后说道："不是我，是小花猫碰的。"谎言让这位妈妈信以为真，孩子免遭一顿打骂。

　　事实教给了孩子什么？教给孩子懂得了一条秘诀：说谎比诚实好。于是，幼小的心灵埋下了虚伪的种子。

——6岁孩子的困扰

听听专家怎么说　诚实是孩子立身之本

　　教孩子做诚实的人，没有一位家长不坚守这一条准则。

　　因为诚实是健康人格的根基。诚实，属于性格的态度特征，是一个人在社会生活中一种自觉的态度。

诚实，是个人赖以获得成功的重要的性格心理特征。这是因为，每个人的成功都不是孤军奋战的结果，都需要与人发生这样那样的交往，而真诚守信是每个人所期待的交往方式。人都有安全的需要。出于这种需要，人们都希望自己周围的环境是可以把握的，自己的交往对象是能够把握的。你诚实，就会让人与你交往感到安全，能够把握；而你不诚实，就让人感到没法把握你，就提心吊胆。谁愿意怀里抱个定时炸弹睡觉？人家把握不了你，只能像躲避炸弹一样躲避你。当你真的成了孤家寡人的时候，何谈成功？所以，诚实是一个人为人处世最基本的准则。

都说"三岁看大，七岁看老"，从某种意义上说，这句话很有道理。一个孩子未来发展的种子，都是父母早早给孩子撒在了心田的。性格的种子更是这样。所以，教孩子诚实，就是教给了孩子立身之本。

专家教你这样做 ## 家长树立诚实的形象

那么，我们怎样让诚实的性格在孩子的身上扎根呢？

家长树立诚实的形象。 孩子们的心灵原本是纯真的，可为什么有些孩子学会了撒谎呢？想想看，有多少父母哄骗过孩子，大人并无恶意的哄骗、随随便便的许诺，孩子都会当真的。一旦他们发现这哄骗和许诺是假的，纯真的童心就受到污染，虚伪的性格就由此而得。有的父母不愿意接待来访的客人，就让孩子告诉客人说父母不在家；不愿意参加幼儿园的活动，就谎称有病……这些不忠诚老实的行为严重地影响着孩子，又怎样教孩子做诚实的人？所以，教孩子做诚实的人，家长首先要为孩子树立一个诚实人的形象。

尽可能全面了解孩子。 全面了解孩子，一是多与孩子交流，二是多跟孩子的伙伴们接触，三是多跟幼儿园老师联系，这样对孩子家里家外的情况都做到心中有数，才有助于防止孩子撒谎。不给孩子撒谎的机会，诚实的性格就会逐渐形成。大凡能跟家长撒谎的孩子，都有一个前提条件，就是估计能骗得了家长。而你一旦对孩子的情况都了如指掌，他自然就不敢再撒谎了。

提供诚实的榜样。父母除了应为孩子树立一个诚实的形象外，还应有针对性地选择一些有助于诚实性格培养的故事、童话，让孩子了解诚实是一种美好的品质，比如一些名人小时候做诚实孩子的故事，又比如"狼来了"的故事等。这些都有助于激发他做诚实孩子的主动性和自觉性。

要讲究教育方式。从教育内容上说，一般讲，家长不会去有意地教孩子不诚实，但是，有时候由于教育方式不当，而无意间培养了孩子不诚实的性格。所以，有时候孩子的某些性格是家教方式的副产品。如同开头的案例，那位妈妈不就无意间在培养着孩子不诚实的性格吗？所以，家庭教育应讲究教育方式和态度。"民主型"的亲子关系最有利于培养诚实的孩子，相反，虚伪往往与专制相连。

区别想象和谎言。孩子好奇心强，脑子里会冒出各种各样的想象，把想象的东西当成事实，来满足自己的心理需要。当他们把这种夸大的并不现实的想象说出来时，大人听来就成了谎言。这就需要大人把他们善意的想象和恶意的谎言区分开来。一天，几岁的达尔文跑到爸爸面前，一本正经地说："咱们家那棵小苹果树上的苹果全都让人盗走了，快去看！"一看，果真树上的苹果不见了。随后才知道，是达尔文搞恶作剧，自己把苹果摘下来藏好的。如果你碰上类似的事怎样看？用"捣蛋""说谎""编瞎话""不诚实"这样的话训斥他？达尔文的父亲没有这样做，而是从中看出达尔文很会想象，因势利导培养他的想象力。

第 二 章

最好的教育在家庭
——幼儿与家人的沟通心理

大人不懂孩子心怎么办？

父亲的教育对孩子有多重要？

这样鼓励孩子不对吗？

为何爸妈的话不管用了？

孩子对父母不亲热怎么办？

离婚后该怎样爱孩子？

孩子被老人溺爱怎么办？

老人把孙子当儿子养怎么办？

老人和爸妈争孩子的爱怎么办？

孩子和家长的亲子关系出现问题的时候，家长该怎么办？

……

不会鼓励孩子的家长很失败

我是一个孩子的父亲，孩子正在上幼儿园。我们知道，教育孩子应该以鼓励为主。为了鼓励孩子进步，我们经常对孩子采取奖赏的办法，如当孩子从幼儿园拿回奖状，或者弹钢琴有了进步，家里就相应给些奖品作为鼓励。可是，到头来结果却并不令人满意，甚至适得其反，而且孩子还经常要我们先许愿。这让我们很困惑，这样鼓励孩子不对吗？问题出在哪里呢？

——宝爸的烦恼

听听专家怎么说 物质奖赏激发的行为是难以持续的

一个心理学实验也许会给我们启发。心理学家挑选出一些喜欢绘画的孩子，然后将他们分为两组。A组的孩子们得到了一个许诺：画得好就给奖品；B组的孩子们则被告知：我们想看看你们的画。两个组的孩子都按要求画了画。实验结果是，A组的孩子们大多被动地去绘画，他们的绘画兴趣明显地降低了，而B组的孩子们和以前一样愉快、主动地绘画。这个实验曾在不同的国家、不同的地区进行过，结果大致相同。这个实验的结果是值得深思的。按常理说，对孩子的绘画成绩给予奖励，似乎应该使他们的绘画兴趣得以巩固，绘画水平得以提高，然而事实却正好相反。

这是为什么？从心理学的角度分析，奖品固然可以强化某种行为，但它又会使人只对所获奖品感兴趣，而对被奖励行为本身失去兴趣。具体说来，一方面，物质奖赏往往客观上阻碍了孩子内在潜能的正常发挥。因为奖赏很容易使孩子的行为动机水平降低，变成了只是为了获得奖赏。这种动机支配的行为一般不会是主动的，而被动行为常常不易巩固，更谈不上发展。另一方面，靠片面的物质奖赏激发起来的行为难以持续。因为它必须靠逐步升级的物质奖赏才能维持与发展。如果让物质奖赏不断升级，那么只会培养孩子的贪得无厌，而不会巩固好的行为，何况客观条件也往往不允许。如果物质奖赏维持原状或有所降低时，孩子的积极性或兴趣立即会大打折扣。

专家教你这样做 / 精神鼓励更重要

对那些爱许诺给孩子物质奖赏的家长来说，这个道理应引起思考和重视。有时鼓励孩子，尽管家长的出发点是为了孩子更好地成长，但是，如果采用的方法不对，效果也很难令人满意。

对孩子的鼓励有很多方式，最重要的还是精神鼓励为主，不要把鼓励当成片面的物质奖赏。其实，孩子是很在乎精神鼓励的。爸爸的肯定，妈妈的赞许，哪怕是一句话语，哪怕是一个眼神，都会给孩子成功感，都会给孩子自豪感，都会大大激发孩子的积极性。

弯下腰来和孩子说话

双休日，我领着4岁的女儿逛商店。很久没去商店了，我兴致正高。没想到，女儿偏偏跟我唱反调，好像一点也不高兴，心烦意乱的，一个劲儿地发脾气。我一边哄一边劝，怎么也不管用。我急了，抱起孩子就要往外走。

就在蹲下身来的瞬间，我才恍然大悟，原来蹲下身来从孩子的角度看去，眼前看不见色彩斑斓的商品，而是晃来晃去的人腿。怪不得孩子发脾气，原来孩子和大人看到的景物不一样，自然就心情不一样了。这让我突然领悟到，有时候孩子任性发脾气也有他们的道理，我们需要站在孩子的角度看问题。这件事让我想了好多好多……

——宝妈的烦恼

听听专家怎么说 **没有用孩子的眼光看问题**

这位家长的反思很好，很到位。有时候，孩子不听话，不服从管教，不接受大人讲的道理，往往是因为大人不懂孩子心，没有用孩子的眼光看问题。前面这位家长的故事正说明这一点。

常有这样的情况，比如，两岁的孩子开始玩"否决权"，张口就是"不"；4岁孩子软硬不吃，让人心疼头也疼，这是年龄特征。再比如，胆汁质的孩子容易发脾气，这是气质特征。我们常常因为不懂孩子的心而弄出许多家庭教育的麻烦，反过来，一旦读懂了孩子的心，在管教孩子的时候就会多一些顺利，少一些失误。

专家教你这样做 和孩子保持人格的平等

那么，我们应该怎样读懂孩子的心呢？上面的故事给我们的启发就是，为了理解孩子的心，为了能够用孩子的眼光看问题，我们应该弯下腰来和孩子说话。

姿势上的弯腰说话。在和孩子玩耍活动的时候，我们只有从姿势上弯下腰来，才可能和孩子有同样的视角，看到同样的情景，心灵有同样的感受。这时候，我们才可能真正谈得上理解孩子。对年龄较小的孩子，这一点很重要。

态度上的弯腰说话。在和孩子交流沟通的时候，我们只有从态度上"弯下腰来"，才可能和孩子保持人格的平等，做孩子的一个大朋友。这时候，我们才可能谈得上和孩子心灵相通。对年龄较大的孩子，这一点就更重要了。

父亲，开始和孩子对话吧

大宝今年4岁了，他是完全由母亲带大的男孩。父亲只管在外挣钱，与孩子很少见面，更谈不上一起游戏了。大宝3岁前，妈妈不让他上幼儿园，怕他受委屈，怕他吃不好。就是在家里，大宝也很少与邻居小朋友一起玩，妈妈嫌其他小朋友没教养，不卫生，怕感染上什么病。走路时，大宝紧紧地拉住妈妈的手，不敢离开一步。在大宝跑跑跳跳，玩玩水，玩玩沙子或爬爬高时，妈妈更是在后面追着叫：慢点！危险……大宝3岁多了，在别人的劝说下才上了幼儿园。一到幼儿园，大宝像变了一个人一样。大宝受到冷落，又离开了形影不离的妈妈，感到焦虑和不安，整天情绪低落，以致吃不好，睡不好，玩不好，只能离开幼儿园。

强强也是一个4岁的男孩。父母关系很好，两人也都有自己的事业，也都很忙，但夫妻俩配合得很好，共同教育和培养强强。妈妈从小就培养他的独立生活能力。父亲从强强几个月大开始就与他一起游戏。他常常把孩子高高举起，或抱他一起旋转，或让他坐在肩上、头上，或做些摸爬滚打的游戏，使孩子在游戏中非常兴奋。这样，既满足了他身体活动的需要，又使他情绪高涨。两岁时强强上幼儿园了。每天接回家，爸爸都要与儿子在户外玩上半小时。遇到双休日，夫妻俩都带孩子去公园，或爬山，或散步，遇到困难或问题让他自己想办法解决。强强在幼儿园是一个自信心强、好学上进、深受小朋友欢迎的小头头，他能组织大家游戏，他们合作很好。强强学习东西很快，而且善于观察和动脑子，有自己的想法和创造性。

——两个小男孩的故事

不让孩子在缺失父爱中长大

在心理咨询中发现，多数家庭是母亲更为关注孩子，有的几乎是母亲一人负责教养孩子。听着他们的故事，我发现似乎他们的家庭不是一个三人世界，在教育孩子这台戏中，常常看不见父亲登场。现在不少家庭忽视了父亲对孩子的影响力，父亲自己放弃了对孩子的爱以及教育的权利和义务。然而，家庭是否发挥了父亲对孩子的影响力，关系着孩子是否受到健全的教育。上面两个孩子的发展不同，原因可能很多，其中重要的就是因为父亲的影响力不同。

心理学的研究也表明，在家里和父亲接触的机会越多，时间越长，孩子的体力和智力就越发达，个性、品质就越健全。这是因为，父亲和母亲对待孩子的态度和方式往往不同。以游戏为例，母亲习惯以"大人"的身份带孩子在屋内游戏，而父亲则习惯以"大朋友"的身份和孩子在广阔的天地里一道追逐嬉戏，甚至在草地上一同打滚。

孩子本来在幼年就较多地接触母亲，加上幼儿园里几乎清一色的女教师，可以说孩子长期地浸渍在女性世界中。这样，虽然孩子从女性身上学到不少优秀品质，成为良好性格的组成部分，但是容易片面发展，缺少了男子气质特征。由此看，就更有必要增进父亲与孩子的接触。这是孩子进入男人世界最初的主要途径。这不仅男孩需要，女孩也需要。

父亲请承担起自己的角色

要使孩子身心得到全面良好的发展，需要让他们接受来自父母双方的影响。母爱是伟大的，母亲对子女的抚养和教育是重要的。同样，父亲的影响力也是不可忽视的，特别是其对小孩子有特殊的影响力。

一般孩子到两岁以后，更喜欢和爸爸一起玩，这时他们的反应更为积极主动。在和爸爸的游戏中，他们往往有更多的合作参与的机会。孩子在游戏中会遇到一些问题和困难。一般来说，父亲会积极地鼓励孩子去尝试，带着他去闯。这样的父子游戏，使孩子产生快感的同时，又培养了他们独立自主、坚强自信、积极向上的个性和品质。这为今后孩子在学习、生活中的合作进取，社会性的发展，创造性的发展以及自我意识的发展都奠定了良好的基础。由此可见，父亲在教育孩子中的作用是重要的，父亲对孩子的影响力是不可忽视的。

管教孩子，父母要配合默契

　　小明的爸爸教子严厉，妈妈却总是由着孩子的性子来。爸爸在家的时候，小明乖得像个小绵羊。一天，爸爸出差了。这可不得了，小明简直闹翻了天，还在学校淘气惹了祸。爸爸回来，气不打一处来，一面怪小明妈妈的溺爱，一面要打小明。妈妈过来拉，爸爸说妈妈"护短"。妈妈就哭闹说："你打，先打我吧！"两个大人先打了起来，孩子却成了观战的。由此，爸爸妈妈的话在小明那里越发不管用了。

——小明爸妈的烦恼

听听专家怎么说　教育孩子需要父母方向一致的合力

　　一辆车，一个人推，一个人拉，朝同一个方向用力，车子会向前走，这是因为有推拉方向一致的合力。如果一个人向前拉，一个人向后拽，车子别说前进，劲大了还会把车子拽坏。

　　教育孩子也是这样的道理，也需要爸爸妈妈方向一致的合力。如果不形成合力，不仅说不上教育，还会把孩子教坏。家庭成员之间的差异不可避免，但在教育孩子上，家人应在一定范围内尽可能地配合默契，这样才有利于孩子不断朝健康的方向成长。这叫作"家庭教育的一致性原则"。

专家教你这样做 **教育孩子要讲究配合**

父母之间要配合默契。父母之间缺乏默契，会造成教育上的严重失误。对于一个低年级的孩子来说，这件事爸爸说对，妈妈说错；那件事妈妈说对，爸爸说错，这样会使孩子难辨是非、无所适从，以至于形成畸形人格。我国有"慈母严父"一说，如果把它理解成父母对孩子的要求可以不一致，就大错特错了。

讲"一致"，并不是父母随时随地都一个面孔。比如说"慈母严父"，就可以"殊途同归"，也可以取得一致。这里有许多技术问题。比如，对待孩子，母亲比较有耐心，父亲比较急躁，可以相互协调，取长补短，避免由于耐心而迁就，由于急躁而走向粗暴，这就是默契。比如，妈妈在教子上出了误差："好宝贝，谁欺负你了？我上学校找他算账去！"爸爸听了认为不对，不直接当着孩子面指责妈妈，在问明情况后对孩子讲："小明在学校应该好好玩，谁也不要欺负谁。我一会带你去找小朋友，商量怎样做好朋友。"这才是默契。

比如，爸爸严厉地批评孩子时，母亲不要再来一句，"今天不给饭吃！"母亲最好是在一旁静静地听，再看好时机把孩子叫过来，告诉他："爸爸说得对，往后你会争气做好孩子的。是不是？"这既坚持了一致性，又不是对孩子"群起而攻之"。

比如，孩子做了错事，妈妈要打孩子。爸爸先打个圆场，告诉孩子："看你干的坏事，把妈妈气成这样！你这样对吗？我知道你愿意听妈妈的话，以后改正，妈妈就不打你了。"这样既教育了孩子，也暗示了妈妈就此打住；既维护了一致性，又鼓励了孩子改正错误的信心，这也是默契。

父辈与祖辈之间要配合默契。不少家长朋友反映，有些祖辈过于迁就孙辈，给家庭教育带来不少麻烦。一位年轻的母亲曾在心理咨询室跟我讨论如何对待老人对外孙的溺爱。的确，父母的默契还好办些，而父辈与祖辈之间的默契就难办了。一来是祖辈大多已经离开工作岗位，心理上多少有些"失重感"，把希望和欢乐更多地寄托到孙辈身上，因此，对孩子过于迁就疼爱。二来父辈还得尊敬祖辈，有些问题不能像夫妻之间那样平等交流。因此，一方面，作为祖辈要学点教育科学知识，不摆"老架子"，应该做到听听晚辈的意见；另一方面，孩子的父母必须积极主动与老人交流，既肯定老人对孩子的感情，又委婉地提出教育孩子的看法。一般说，由于都是为了孩子，有了这个前提，只要您积极做老人的工作，会取得祖辈的合作的。

其他成员之间也要配合默契。比如，有些家庭成员较多，有些家庭请了保姆，有些家长为孩子请了家庭教师，这些成员之间也要谋求默契配合。

缺乏父母陪伴的成长是不完整的

于娜夫妇工作都很忙，父母又都不在身边。有了孩子后，他们自己又没有时间带孩子，只好把孩子放在另一个城市的爷爷奶奶家。现在，孩子3岁了，春节快到了，于娜夫妇就准备把孩子接回来，年后自己带一段时间，然后送他去上幼儿园。当于娜小两口高高兴兴地把孩子接回家后，却发现了一个他们始料不及的问题——孩子好像跟父母亲热不起来，见到父母总觉得很陌生，叫一声"爸爸妈妈"都显得怯怯的，而且与周围的孩子也玩不到一起。这可急坏了于娜夫妇，孩子这是怎么啦？

——宝爸宝妈的烦恼

听听专家怎么说 **亲情缺失会导致很多心理问题**

如今有不少家庭的孩子，因父母忙于工作、忙于挣钱，而面临亲情的缺失。我们看到，有许多父母无暇照顾孩子，就把孩子寄养在爷爷奶奶或外公外婆家。

孩子大了后被父母接回家，突然进入一个新环境时会感到很不适应，会出现很多心理问题：有的回到自己家，不停地哭闹，不爱吃饭也不爱玩，嘴里总说着"走，走"；有的感到压力，不敢亲近父母，退缩懦弱，缩手缩脚；有的在家里感到陌生，呆头呆脑，不知所措，等等。而且，这样还会给孩子留下心灵的隐患，形成这样那样的心结，进而影响孩子未来的人生。于娜的孩子就是因为亲情缺失而出现了心理问题。

专家教你这样做 **尽可能把孩子留在自己的怀抱**

怎样避免给孩子的心灵留下阴影，怎样营造有利于孩子心理健康成长的空间，是每一个家庭都要慎重对待的问题。我们应该创造条件，让孩子多感受到一份父母之爱。所以，如果有条件，年轻的父母还是尽可能把孩子留在自己的怀抱里更好。如果条件所迫，孩子不得不从小离开父母，那么，父母把孩子接回家后，要从生活的各个细节做起，着手培养亲子感情。

安排适当过渡。父母要向寄养人详细了解孩子过往的生活习惯和代养方法，以便接回家后尽量保持一致，便于孩子适应。比如，孩子原已习惯在早饭后大便，父母就不要硬让他在起床后马上大便。硬改变习惯，孩子就会不适应，不舒服，情绪就会更加不好。如果发现孩子有一些不良的行为习惯，最初不要断然强行克服，待熟悉以后再逐步纠正。比如，孩子有爱吃零食的习惯，以致影响了正常进餐，父母可以想办法在正餐中做一些可口的饭菜，引起孩子的食欲。孩子三餐吃饱后，零食就会减少，逐渐改掉爱吃零食的习惯。

逐步建立感情。把孩子接回来后，父母要多和孩子亲近，消除陌生感，逐步建立感情。父母可以多抱抱孩子，温柔地抚摸孩子的头、脸和身体等，让孩子感到舒适愉快，同时还要多和孩子交谈，如亲切地叫着孩子的名字跟他说："你今年3岁了，爸爸妈妈可想你了！""宝宝真乖，爸爸妈妈最喜欢宝宝了！""宝宝饿了吧？妈妈去做好吃的！"父母还应多陪孩子一起玩。孩子都喜欢听故事，父母可以买一些好看的图书和他一起看，讲给他听。孩子喜欢到动物园玩，父母就多带他去，一边玩，一边讲动物的故事。这样，孩子逐渐对父母产生了感情，就会愿意和父母在一起了。但是，这个过程不能急，要慢慢来。

　　营造温馨环境。孩子回家了，父母要给孩子创造一个温馨的家庭环境。父母要互敬互爱，和睦相处，保持积极的情绪。这样，孩子也会受父母的感染，情绪愉快、安定。另外，父母对孩子要付出爱心，及时满足孩子的需要并鼓励孩子的每一个微小的进步，让孩子感受到家庭的温暖和父母的爱。孩子生活在一个和谐、充满爱的家庭环境里，会觉得很幸福、很安全，对父母的感情也会逐步加深。

离婚后该怎样爱孩子

因为很多原因，去年我离婚了。一段不理想的婚姻的结束，倒是没有给我带来太大的痛苦，可让我感到很困惑的是孩子。孩子不到4岁，是个女孩，现在跟我在一起。但是，因为孩子的问题，我和前夫还经常发生摩擦。

我们不像有些离异的父母那样，谁都不管孩子，而是相反。孩子的父亲经常给孩子买东西，拉近与孩子的感情。我又怕孩子离我远了，也尽量满足孩子。可我发现这样也不好。我真不知道离婚后该怎样处理我与前夫对孩子的关系。请问离婚后的双方该怎样爱孩子？

——宝妈的烦恼

听听专家怎么说　不正当竞争，孩子成了牺牲品

父母离婚，已经是孩子的不幸。离婚后的父母无论怎样，都不要再伤害孩子的心灵，要让孩子明白，父母离婚并不会改变对他的感情和态度，无论父亲和母亲是否和他生活在一起，都不意味着要甩掉他，不爱他。为了保护孩子的安全感，父母在离婚前应对孩子做理智的安排，明确父母各自对孩子应负的具体责任。

一些夫妇离婚后，无论孩子和哪一方生活，都认为孩子是负担，用孩子来报复对方，整日为谁该给孩子买什么，谁该为孩子做什么而争吵；有的父母恰

恰相反，争着为孩子买最贵的东西，以讨孩子的欢心。前面案例的情况就属于后者。无论是哪种竞争方式，都不利于孩子成长，并且可能促使孩子很快学会控制父母，利用父亲的力量去反对母亲，或利用母亲的力量去反对父亲。双方竞争的结果是父母会惊奇地发现，他们的孩子并不尊重他们，只会颐指气使地指挥他们满足他自己种种不合理的需求，使自己变得自私、虚伪、爱撒谎。父母相互争宠孩子，破坏了父母为孩子共同制定的规矩，破坏了纪律要求的连贯性，这都会使孩子的心理成熟受到消极影响。可以说，不正当的竞争使孩子成了牺牲品。

专家教你这样做 **用理智的爱温暖孩子的心**

父母离婚后，孩子往往心情压抑，性格内向，不喜欢社交。家长应鼓励孩子多参加群体活动，以培养孩子的积极情绪和良好性格。孩子和伙伴们在一起游玩，可以转移注意力，排遣掉内心忧伤的情绪；孩子通过参加一些有趣的活动，性格会变得开朗活泼。家长还可以让孩子学乐器，学唱歌，学绘画，培养其多种兴趣爱好。孩子精神生活充实了，就会从消极悲观的情绪中解脱出来。

夫妻离异后，不管有多少情绪没有化解，也要理智地对待孩子。为了孩子的心灵健康，双方应心平气和地坐下来，冷静理智地商量一个爱护孩子的协议。如果是双方都争着宠孩子，就商量一个限制性的条款来共同遵守，以防止孩子因为父母失去理智的爱而心理扭曲畸变。

总之，明智而有远见的父母，会设法减少孩子因父母离异而遭受的心灵创伤，用理智的爱去温暖孩子受伤的心。相信你们一定会更好地爱孩子。

老人应给孩子有度的爱

我的儿子6岁了，从小跟着爷爷奶奶长大，养成了任性、以自我为中心、乱发脾气等坏习惯。我现在因工作原因回到孩子的身边，看不惯孩子身上太多的缺点，觉得老人太溺爱孩子，心中很焦虑。于是，我时常训斥儿子，甚至打骂，弄得家里气氛、婆媳关系都很紧张。儿子觉得全家人都宠他，唯独我对他严格，对我也不亲热。我自己也觉得一片苦心无人能理解，真弄得有点身心憔悴。请问，我应该怎样面对与老人在孩子教育上的矛盾？是否与老人分开住要好些？我很想改变与儿子的关系，应该怎样对待他？怎样纠正他的缺点？

——宝妈的烦恼

听听专家怎么说 老年人更疼爱孙辈

俗话说"隔代亲，更动心"。老年人的确更疼爱孙辈。老人为什么更疼爱孙辈？

退化心理。我们常常看到有些老年人表现出儿童的言行特征，正所谓"返老还童"。由于这种返老还童的心态，老年人容易更看重与孙辈的情感维系。

眷恋心理。老年人萌生对青春年少时光的眷恋之情。于是，老年人愿意和孙辈在一起，分享他们天真的快乐、无忧的快乐。

补偿心理。老年人容易萌生空虚、失落和寂寞之感，希望通过某种活动来加以补偿，把生活的希望和欢乐更多地寄托在孙辈身上。再有，有些老年人自己年轻时在子女身上可能留下一些遗憾，现在要在孙辈身上弥补。

认同心理。隔代亲并不完全意味着对自己子女感情的淡漠，反而是以隔代亲的方式表现出对子女的爱。

期待心理。人到了晚年的时候，期待心理就表现得非常明显，他们把希望寄托于自己的第三代身上。你看，隔代亲是不是有许多可以理解的地方，既有消极的一面，也有积极的一面？因此，应该更好地发挥隔代亲的积极因素，保持对孩子教育的一致性。

老人的心理是可以理解的，但是，弄不好往往给家庭教育带来不少麻烦。

让孩子形成任性的毛病。这是祖辈好娇惯孩子造成的。

引起人格偏差。这是因为亲子之情是任何感情都不能替代的，孩子长期缺乏亲子之情，人格就会出现偏差。

磨灭孩子的活力。这是老人喜欢安静的特点与孩子好动的特点不适应所致。

专家教你这样做　和老人积极沟通，促进协调一致

怎样消除隔代亲的消极影响呢？怎么解决与老人在孩子教育上的矛盾呢？

和老人积极沟通，促进协调一致。作为孩子的父母，必须积极主动与老人交流。在交流的时候要耐心细致，不能对老人一概否定，应该首先肯定老人对孩子的感情，特别是充分肯定老人在教育孩子上的贡献。想一想，母亲不在孩子身边，如果没有老人带孩子，孩子前面几年时间怎样长大？在肯定老人的感情和贡献的基础上，再委婉地提出自己的看法。一般说，由于都是为了孩子，有了这个前提，只要你积极工作，会取得老人的合作的。再不行，不妨也让老人看看有关家教的书。在统一认识的基础上，来统一行动，统一对孩子的教育和要求。为了

便于操作，可以就孩子存在的一两个具体问题一起来确定统一的要求，然后以点带面，逐步达到全面的统一协调。

和老人好好协商，适当分开。如果实在不能统一要求，如果孩子的毛病迫切需要改变，也可以考虑让孩子和老人分开生活一段时间。但是，要做好必要的准备工作，特别是心理准备。最好和老人协商好，或者找一个另外的理由，让老人容易接受，免得让老人心里不好受，影响家庭关系。

调整自己的心态，循序渐进。妈妈焦虑着急，这种心情可以理解，教育孩子也需要严格要求，但是操之过急的做法不可取。法国作家拉封丹写过一则寓言，讲的是南风和北风比赛看看谁能把行人身上的大衣脱掉的故事。北风一开始就拼命地刮，企图一下子把行人的大衣掀掉，哪知道，风越刮，天越冷，行人反而把大衣裹得越紧。南风则不同，它徐徐吹动，顿时风和日丽，行人因为觉得春意上身，解开纽扣，继而脱掉大衣。寓言启示我们，教育孩子不能操之过急，改变孩子已经形成的毛病更不能操之过急。你想想，难道孩子身上的这些毛病，做妈妈的一点责任没有吗？难道现在妈妈只知道训斥和打骂，就是对孩子的负责吗？想想这些，自己就会少一些心浮气躁，对孩子就会多一些方法策略，就会让自己当一位"南风"妈妈，把对孩子的爱心和责任化作徐徐暖风，促进孩子循序渐进地改变和成长。如果孩子确有需要严格管教的问题了，也最好避开老人。这样，既不伤害老人的面子，也有利于孩子接受管教。

人到老年疼爱孙辈原本没错。但是，老人爱孙辈也得讲究个爱法。

爱而有度。越是什么都满足的孩子，孩子就越没有幸福感。您该把疼爱跟严格要求结合起来，疼爱而不溺爱。

养教并重。疼爱孙辈，孩子的吃喝冷暖是得挂在心上，但老年人也该多教孩子做人的道理。养教并重，您疼爱的孙辈才会成才。

配合默契。老年人应主动地跟孩子的父母配合，不倚老卖老给孩子当"挡箭牌"。即使当父母的确实教育有误，您也该背后指点一番，别让他们在孩子面前失去威信。不然，他们还怎么当家长？

架好桥梁。老年人别忘了在孩子和父母之间架上一座情感的桥梁，一面督促孩子的父母抽空关爱孩子，一面教孩子敬爱父母，还应定期让孩子和父母在一起生活一段时间，增进亲情。

祖辈怎样伴孩子成长？

张婶就一个独生子，天天想日日盼，好容易盼来了儿媳妇。可是，张婶却感觉儿子有点"娶了媳妇忘了娘"，好像儿子离自己越来越远。直到一年后张婶当了奶奶，有了一个心肝宝贝胖孙子，才算重新找到了感觉。

张婶对小孙子又是喜欢又是爱，小孙子稍稍有点不高兴，就抱在怀里哄。小孙子俨然成了当年的儿子，张婶俨然成了孩子的妈妈，找到了当年的感觉。

这样一来，孩子真正的妈妈却常常被晾在一边，孩子见了妈妈都不那么亲了。这让孩子的妈妈很郁闷，甚至很恼火。于是，儿媳妇通过各种方式对婆婆表示了不满，可是，总避免不了要把孩子交给奶奶照看。为此，孩子妈妈都和奶奶记仇了，深仇大恨一般。孩子妈妈诉苦："哪有这样对孙子的？她这不是爱孩子，是控制儿子惯了还想变相地控制我们……"

——宝妈的烦恼

听听专家怎么说　**亲子一体化心理的延续**

不难看出，上面的故事有一个共同点：老人把孙子当儿子养。这反映了当前家庭养育的一个较为普遍的问题。

为什么不少老人把孙子当儿子养？有人把这说成是爱，有些老人也这样自诩。也许，这里面确实有爱的成分，但是，我却宁愿把这看成只是以爱的名义，实质上是老人的一个心理情结的表现。这个心理情结就是亲子心理一体化的延续，以及由此造成的老人对儿孙过分的依赖性。

我们的亲子关系中有一种根深蒂固的心理一体化倾向。虽然孩子从降生起，与母亲身体连接的脐带已经切断，但是，亲子之间有一根似乎永不消失的心理上的"脐带"，让亲子成了心理上的"连体人"，彼此都失去了应有的独立性。于是，亲子之间彼此的权利与责任界限几乎消失了，亲子之间有了更大的依赖性。在亲子一体化心理中，与其说是子女缺乏独立意识，不如说是父母更缺乏独立意识。尽管如此，子女还是长大了。于是，父辈的这种亲子一体化心理，就自然地延续到了孙辈身上。于是，导致了很多老人把孙子当儿子来养，实质上是老人借以来满足自己的依赖心理。如果把这叫作爱也可以，爱有时候就是一种依赖和控制。但是，老人的这种爱过头了，这种依赖或控制过头了。

专家教你这样做 / 把孩子还给他们的父母

最重要的是，老人要看到把孙子当儿子养的危害。

不利于老人自己的晚年生活。这样会妨碍老人的独立性，会强化老人心理依恋性。而缺乏独立性的心态肯定是不健康的，自然会妨碍老人的晚年生活。

不利于年轻父母的心理成长。当父母的过程也是一种心理成长的过程。不是有了孩子就会当父母，只有在养育孩子的过程中，年轻父母才有了进一步的心理成熟，在和孩子的亲子互动中，才会形成良好的亲子关系。

不利于孩子的心理发展。一方面，祖孙关系过于密切，阻隔了孩子与父母的正常交往，妨碍了正常亲子关系的建立。而缺乏正常的亲子关系，对孩子心理健康必然带来不良影响。另一方面，由于祖孙关系不同于亲子关系，隔代教育本身也会直接给孩子带来不利影响。生活中我们看到，虽然隔代教育不乏成功个例，但更普遍的是隔代教育的失败。心理咨询的实践也一再发现，许多出现心理问题的孩子都有隔代教育造成的消极影响。

危害摆在那里，作为老人怎么办？很简单，为自己增强点独立性，别在心理上过分依赖晚辈了，别再以爱的名义把孙子当儿子养了；把孩子还给他们的父母，当好孩子父母的助手，该帮把手的时候帮把手，您的爱就恰到好处了。

老人带娃，你怕了吗?

男孩赵宇今年快4岁了，住在一个大院里。阳光明媚的日子里，大院里总有许多小朋友玩耍。赵宇也常和姥姥出来，但寸步不离姥姥，总抱着姥姥的腿，从不肯走到小朋友中间去。他的眼睛直直地远远地看着小朋友，脸上不带表情，好像有心事，又不知道他在想什么，好像对小朋友们玩耍不感兴趣。可姥姥真要是带他回家呢，他又不肯了。

是什么原因让一个小孩子这样忧心忡忡?

这要从赵宇出生不久说起。赵宇刚出生不久，妈妈爸爸因为工作忙，照顾不了他，就把他送来和姥姥姥爷一起生活。姥姥和姥爷身体都很健康，退休之后在家闲得好无聊。外孙的到来，恰好给老两口带来了无穷的欢乐。他们每天围着赵宇转，照顾得无微不至，生活上根本不用赵宇父母操心。赵宇刚来的时候，哭闹得很厉害，但很快就适应了新生活。姥姥常常推着小车，赵宇躺在里面，姥爷跟在后面，拿着水、板凳，背个小包，在大院里散步。熟悉的邻居总要停下脚步，逗逗赵宇，称赞孩子两句。赵宇的父母也会抽出时间来看赵宇，送点孩子日常需要的东西，但是在姥姥家停留一两个小时后就又匆匆地走了。

时光飞逝，赵宇快两岁时，妈妈感觉到问题了：儿子看见自己不是很亲，来就来了，走就走了，他玩他的，没有反应，有时连看都不看她一眼。妈妈心里开始不是滋味了。为了拉近母子的感情，妈妈来得勤了，每到双休日，就把赵宇带到公园玩，带回自己家住一天，准备好吃的饭菜，买他最喜欢的玩具。这些招数很管用，没多久，赵宇就重新喜欢上了自己的家，同时重新开始依赖妈妈，在姥姥家就每天盼着妈妈来；妈妈来了，就会伸着小手往妈妈怀里扑，脸上笑开了花；到妈妈该走了，他就生离死别似的哭闹。有时候天刚黑，赵宇知道妈妈快走了，就盯着妈妈不放。妈妈走到哪里，他就跟到哪里，嘴里不停地说："妈妈别走了。妈妈带赵宇走吧。"就连妈妈去卫生间，他也不准妈妈关门。可妈妈要上班，又不能真的把他带走，每次只好挖空心思想对策，有时批评、吓唬孩子让自己走；有时给赵宇许愿，"妈妈明天给你买好吃的，妈妈明天给你买飞机，带你去动物园……"；有时实在没办法，只好编个谎话儿把孩子支到阳台上，自己偷偷溜走。到了第二天傍晚，赵宇早早就等在门口，嘴里念叨着："我妈怎么还不回来？我给妈妈打电话。"电话里妈妈一说今天不来，孩子就开始伤心地掉眼泪，饭也不好好吃了，整晚没精打采，没有笑容……

一来二去，哭成了赵宇的毛病：睡醒觉就哭，碰一下就哭，鞋带开了也哭，要吃香蕉没人剥香蕉皮也哭，吃的米饭有点烫了也哭。搞得两位老人不知该怎么好。姥姥倒是够耐心，但也就知道愣愣地抱着他，没什么新鲜招儿，情急之下吓唬两句，赵宇哭的声音反而更高了。姥爷气急了对孩子大吼："哭什么哭，就知道哭，有你吃的，有你喝的，哭什么哭！"姥姥看姥爷发脾气，就和姥爷吵。这一来，孩子更是哭个没完了，经常抽抽搭搭地进入梦乡。以后，就更难看到赵宇的笑容了。

——赵宇的烦恼

听听专家怎么说 **孩子成了"情感拔河"的绳子**

上面的故事里，姥姥和妈妈双方争夺孩子的爱，都想让孩子跟自己亲。结果似乎妈妈获胜，孩子离不开妈妈了。但是，孩子每周还要在姥姥那儿住大部分时间，于是孩子焦虑不安。结果，这成了一场没有赢家的爱的竞争，所有人都输了。

问题出在哪里呢？问题在于姥姥、姥爷、妈妈、爸爸都有些以自我为中心，都把自己的情感需要看得过重，而没有站在孩子的立场，考虑孩子的需要，考虑自己的做法会给孩子带来什么后果。

姥姥姥爷是隔辈人，人老惜子，教育意识或许不强，可以理解。问题主要在孩子妈妈身上。如果你工作确实忙，必须让孩子与姥姥同住，你就得做好心理准备，孩子可能对你没有对姥姥亲，这很正常，你可以作些微调，但动作不能太大。这位母亲的"拉拢"工作显然力度太大了，拉过火了，弄得孩子离不开自己，又不能每天陪着他，这不麻烦了吗？

这叫作"情感拔河"，孩子是被拔的"绳子"，心灵被双方拉成两半了。

专家教你这样做 自己带孩子还是老人带孩子

这位母亲该怎么办？可以在两种方法中做出选择：要么，克服重重困难，自己带孩子；要么，不要让孩子跟自己太亲，以免孩子黏上自己。当然，如果能设法让孩子多结交些同龄的小朋友，让孩子从与同龄人的玩耍和交往中满足情感的需要是最好的。因为母亲本身也不可能陪孩子一辈子，总有一天孩子得独自生活，独自面对这个世界。到时候要走出门的是他，他真要不愿离开家门，你总不能自己躲到阳台上去吧？

这位母亲想二者兼得，让孩子情感上跟自己最亲，送到姥姥家又没问题，这是比较难的。就实际情况看，有的孩子能做到这样，有的孩子就不行。许多孩子因为过于依恋家长，到幼儿园就往死里哭，情况与此类似。

做家长的，无论爸爸、妈妈还是姥姥、姥爷，谁不疼孩子？谁不希望孩子跟自己亲？但是，这种亲，首先必须是健康的，还得是符合现实条件的。如果听任这种感情泛滥，淹没了理智，最大的受害者都是孩子。

第三章

让学习成为一件简单的事

——幼儿的才智心理发展

教育孩子错过关键期怎么办?

孩子注意力不集中怎么办?

如何对孩子进行早期教育?

孩子好奇心强怎么办?

如何教育好"特殊儿童"?

孩子该参加艺术班吗?

如何引导"小书迷"?

如何培养孩子的读书兴趣?

孩子画画反映了什么心理?

......

家长在教育孩子过程中遇到以上这些问题,该怎么办?

孩子的智商有多重要？

在一次家长座谈会上，一位家长向我问起了孩子的智商问题。一石激起千层浪，一下子大家都来了兴致，讨论热烈。看得出，家长对这个问题非常关注。

"智商"这个字眼，早已从专家的学术著作中走出来，走向社会，走向大众中间。一些单位也相继开办了智力测验业务。不少家长朋友已知道，孩子聪明不聪明可以用智商来测定。这些都是社会发展的必然。孩子的智商牵动父母的心，也是人之常情。但是，有些误解弄不好却要耽误事，甚至会误了孩子的一生。

——宝爸宝妈的烦恼

听听专家怎么说 **人的智商是按常态分布的**

我们应该怎样认识智商和智力测验？

我们知道，量身高要有一把尺子。测量智力像量身高一样，也要有把"尺子"，这把"尺子"叫"量表"。它是由一系列标准化的测验题组成的。发明这把"尺子"的人一个叫比内，一个叫西蒙。20世纪初，因为法国有些孩子接受不了一般学校的教育，需要在入学时进行检查，以便根据检查结果被分配到特殊学校中去，于是，法国教育部委托心理学家比内和一位医生西蒙，于1905年编制了一套智力量表，也就是用预先编制的一套题目作为测量智力的尺度。

此后，智力测验在全世界范围内发展起来。后来一个叫施太伦的提出了"智商"这个概念，用量表测验后，计算出智商（IQ）来表示智力的高低。

智商就是智力年龄（MA）与实际年龄（CA）之比，也就是拿实际年龄去除智力年龄所得到的商数，公式为：

$$IQ = MA/CA \times 100$$

比如，一个7岁的孩子，经测验如果完成了7岁儿童应完成的项目，其智龄与实龄都是7，智商为$7 \div 7 \times 100 = 100$；如果完成了9岁儿童应完成的项目，其智龄为9，智商为$9 \div 7 \times 100 \approx 129$；如果只完成了5岁儿童应完成的项目，其智龄为5，智商为$5 \div 7 \times 100 \approx 71$。

人的智商是按常态分布的，也就是中间大两头小。研究发现，智商为90～110的人最多，属智力中常；70～90和110～130的人较少，属智力较低和较高；70以下和130以上的人更少，属智力低常（智力落后）和智力超常。

专家教你这样做 · 别把智商当"标签"贴孩子身上

尽管智力测验有相当的科学性，测验结果有相对的稳定性，但又不能把测验结果绝对化。

第一，尽管一再努力，量表中的题目也难以避免经验的影响，就是说，不同的孩子对同一题目学习到的机会不一样，因而一个孩子没有通过某个题目，可能仅仅是由于没有接触过这方面的东西，而不是智力差。

第二，无论怎样选择有代表性的题目，也很难用一份量表的有限题目测出孩子智力的全部情况。

第三，由于智力发展在人的早期变化性大，因此7岁以前测验的智商对以后智力发展的预见性很低。

至于市场上的一种营业性的智力测验，本身就鱼龙混杂，其结果的可靠性也很难说。测量人员对结果的解释稍不慎重，闹不好也会带来误解。有的心理测验主持者把智商90以下者都解释为智力低下，就很不正确。再说，一个孩子将来学业成绩的好坏、日后作为的大小，也不是完全由智力决定的。

因此，家长最好不要带几岁的孩子去测智商。如果已经带孩子测过智商，也大可不必过分忧虑或欣喜。请把测得的智商仅当作了解孩子智力发展情况的一个有用的参考数值，万不可把一个智商当"标签"贴在孩子身上，给孩子的智力发展和日后成才定终身。

教育孩子错过关键期怎么办？

听人说，孩子的发展有个"关键期"的说法，说语言发展的关键期是什么时候，思维发展的关键期是什么时候，还有很多关键期。有人说，如果孩子发展错过了关键期，就没希望了，就发展不起来了。所以，一定要抓好孩子关键期的早期教育。现在，我的孩子差不多两岁了，有人说正是语言发展的关键期，一定要抓紧语言的训练。这个问题常常弄得我心情紧张，唯恐耽误了孩子的发展。究竟孩子的成长有没有关键期？应该怎样看待关键期？

——宝妈的烦恼

听听专家怎么说 **关键期的作用不是绝对的，不是不可逆转的**

确实，心理学上有个关键期或关键年龄的说法。

日本心理学家木村久一认为：每个动物的可能能力都有着自己的发达期，如果不让它在发达期发展的话，那么就永远也不能再发展了……我们人的能力也是这样。我国心理学界也有人持同样的观点。

然而，这样的看法不免有点武断，有点把话说绝对了。

我们先谈动物。有人做了一次小鸡追随母鸡的观察。一般认为，小鸡追随母鸡的能力的关键期是在孵出后的4天左右。实验者把人工孵化5天的4只小鸡放在母鸡的窝旁，发现小鸡对母鸡的亲热无动于衷，并不追随母鸡。这说明小鸡确实没有追随母鸡的能力，说明这种能力存在关键期。但是，在小鸡与母鸡互不相干地过了6天之后，却发生了耐人寻味的变化。原来小鸡遭到猫的袭击，一只被咬死，一只被叼走，剩下的两只已不在小鸡原来所处的纸盒内，而是到了相距一米远的母鸡的窝里，藏在母鸡的羽翼下，并偎得紧紧的，赶也赶不开。半小时后，母鸡开始"咯咯"地叫着行动，两只小鸡紧紧相随。自此约有半个月的时间，小鸡与母鸡形影不离，小鸡又出现了追随母鸡的能力。可见，在猫的袭击这一特定刺激之下，小鸡在关键期失去的能力又恢复发展起来了。由此看，不能认为关键期的作用是绝对的，是不可逆转的。

动物的关键期尚且不能绝对化，人的关键年龄就更不简单了。不错，人的发展确实有其生物制约性，在其生理成熟的某一特定时期便形成某种能力。但更重要的是人的发展有其社会决定性。古今中外的大器晚成者足以说明这一点。正如已故著名儿童心理学家朱智贤先生指出的：根据已知的事实，也不能认为儿童过了某种年龄就不能有效地进行某种学习，关于关键年龄在早期教育、早出人才的问题上应当采取审慎的态度。

这样说来，早期教育对人的发展起着重要作用，在很大程度上制约着人一生能力的发展。所以，家长抓住最好时机对孩子进行早期教育是十分必要的。孩子的各种能力，也确实有各自适合发展的年龄，我们把这叫作发展的最佳期也可以，叫作关键期也可以。但是，绝不能把关键期或关键年龄看得过死，它的作用也是相对的。

专家教你这样做 **超前一步，循序渐进**

如此说来，我们该怎样针对孩子发展的关键期进行教育？

顺其自然。孩子发展的年龄特征，很大程度上应该说是孩子自身的发展规律，或者可以叫作自然成熟。家长不必刻意而为地进行过度的训练和教育。一是不要过早，不要孩子还没到这个年龄非要过早地提前训练。二是不要过度，就是孩子到了这个年龄，也不要过度训练。顺其自然，往往孩子就有了最恰当的发展。

超前一步。所谓"超前一步"，是指家长相对于孩子心理发展的年龄特征，略为提前开始训练和教育。比如，孩子在5个月左右喜欢伸手够胸前悬挂的玩具，家长超前一步，就是在孩子4个月时，在其小床上空悬挂一些玩具，训练其手眼协调和探索能力。再如，儿童1岁半左右言语发展较快，家长可以超前一步，在1岁3个月时训练他的发音和表达能力。总之，可以超前一步，循序渐进，但绝不能揠苗助长。

因材施教。我们说循序渐进的"序"，既指孩子发展的一般规律，也指孩子发展的个别特点。所以，前面的"超前一步"要针对每个孩子的实际情况。如果不顾实际，目标过高，甚至把成人的意愿强加给孩子，会给孩子造成过重的心理负担，同时也会使家长觉得孩子不尽如人意，失望之余便是放任自流，断送了孩子的发展。所以，家长一定要考虑自己孩子的具体情况，因材施教地促进孩子的健康成长。

认识"我"好难

我的孩子小宝是个快3岁的男孩，差不多什么话都会说了，也会说自己的名字了。可是，小宝就是不会说"我"。我就想方设法教小宝，差不多办法都想尽了。可是，怎么教也不好使，他还是弄不清这个"我"，还是不会正确地说"我"。这孩子，说话怎么这么费劲儿？

小宝的情况表面看来是个儿童语言发展问题，其实，是儿童自我意识的发展问题。所谓自我意识，说白了就是对"我"的认识。所以，这个问题是个怎样帮助孩子认识"我"的问题。

——宝爸宝妈的烦恼

听听专家怎么说 让孩子认识"我"

自从孩子呱呱坠地之后，最初萌生自我意识的重要标志，就是知道了自己的存在。这是自我意识的萌芽，是一个人社会性发展过程中的一个重要里程碑。那么，孩子的自我意识什么时候开始萌芽呢？

为了研究这个问题，心理学家想了很多办法，其中常用的是镜像实验。实验时，心理学家把婴儿放在镜子前，然后观察婴儿照镜子时的表现。如果婴儿能够认出镜中的人是自己，说明他具有自我意识；如果婴儿认为镜中的人是另一个孩子，就说明他缺乏自我意识。为了清楚地把这两种情况区分出来，心理学家又想出了"捉弄"婴儿的有意思的方法：当婴儿睡觉时，在他们鼻子或额头上抹些口红或者胭脂，以便在他们的脸上做一些明显标记；当婴儿醒来后，再把他们放到镜子前，观察他们对镜中映象的反应。

研究结果告诉我们，人的自我意识并不是生来就有的。自我意识是一种复杂的心理现象，它有一个萌芽、发生和发展的过程。

把握自我意识觉醒的关键期

刚出生的新生儿，并没有意识，也没有自我意识，只有一些简单的感觉、动作和本能的反射，因而和一般的小动物没有多大区别。他们认识不到自己的存在，分不清自己的身体与外界有什么区别。他们经常摆弄自己的手指，并把它们放进嘴里吮吸。但是，他们并不知道手指是自己身体的一部分，吮吸自己的指头和吮吸母亲的乳头或奶嘴一样，或者把它们当做玩具。

在以后的生活中，由于不断与外界事物接触，身体器官、神经系统的功能随之不断发展完善，到1岁左右，孩子产生了自我感觉，这是自我意识最原始、最初级的形态。这时，孩子逐渐能将自己和自己的动作区别开来，将自己的动作和动作对象区别开来。孩子发现咬自己的手和脚，与咬别的东西如玩具等，感觉不一样；以后孩子开始知道由于自己推皮球，皮球就滚动了。这时候，孩子才开始把自己的动作和动作的对象加以区别，意识到自己的手指与脚趾是自己身体的一部分，这是自我意识的最初级形态。这时孩子就认识到自身是一个独立实体，是动作的主体，体验到了自我的存在和力量，产生了最初的自豪感和自信心，从而形成了自我感觉。

1岁半左右的儿童，从成人那里学会使用自己的名字，表明他们能把自己和别人相区别。孩子会使用自己的名字，是自我意识发展中的巨大飞跃。但是，这时孩子只是把名字理解为自己的代号，遇到周围别的同名的孩子时，他就会感到非常困惑：虹虹不是我吗？怎么是他？

孩子到了20个月以后，也就是将近2岁的时候，能对着镜子摸自己鼻子找红圆点，说明出现了自我意识的萌芽。孩子在3岁左右，会用人称代词"我"来表示自己，用别的词表示其他事物。这说明他开始意识到了自己心理活动的过程和内容，开始从把自己当作客体，转化为把自己当作一个主体的人来认识。这是孩子自我意识发展中的一次质变和飞跃。

不要小看孩子会说"我"这个变化。他们掌握人称代词比掌握名词困难得多。代词具有很大的概括性。"我"一词可与每一个人相联系，运用时必须要有一个内部转换过程。比如，母亲问孩子"谁给你的糖"，孩子应该回答"阿姨给我的糖"，而不能说成"阿姨给你的糖"。孩子要完成人称代词运用中的这一内部转换，没有对自我与他人、自我与他物的一定的区别和把握，是不可能的。当然，这时的孩子还没有关于自己内心的意识，像成人一样沉思内省还是不可能的。

专家教你这样做　不要忽视孩子自我意识的发展

积极回应孩子的行为。 在自我意识的萌芽阶段，孩子把大多数的时间都用在区分自我和他人上，并且在小脑袋里慢慢勾勒出一个最初的朦胧的自我形象。这个时候的孩子就像一面镜子，爸爸妈妈对他们行为的反应尤为重要。爸爸妈妈要对孩子的行为变化做出积极反应，让孩子形成人我关系的反射。比如，孩子咬自己的小手、打妈妈的脸的时候，妈妈要给予恰当的回应，让孩子了解到，这是宝宝的小手，这是妈妈的脸。

引导孩子多照照镜子。 镜子是个奇妙的东西。妈妈抱着孩子在镜子前，孩子会好奇地用小手去抓镜子里的"宝宝"，这时妈妈可以鼓励他去做，然后问："看看这是谁啊？怎么宝宝和镜子里面的宝宝一个样子啊？"当孩子几次尝试后会慢慢地发现，镜子里的"小人儿"和自己总是同步的，会逐渐地明白那个就是自己的影子，从感性上建立自我的表象。另外，妈妈给孩子看看自己的照片，并且在看的同时启发孩子："这个漂亮的宝宝是谁啊？"这样，不仅强化了孩子的自我形象，也将妈妈的评价传递给了孩子。孩子会把这看成快乐的游戏。

父母经常揉摸孩子。揉摸可以促进孩子的自我感受。妈妈要经常揉摸孩子的小腿、小脚，一边揉摸一边念叨："妈妈给宝宝揉揉小腿，宝宝好舒服啊，看看宝宝的小手，来，宝宝自己看看。"同时轻轻地揉搓孩子的掌心，让孩子将妈妈的声音与自己的感受建立条件反射，逐渐形成这样的印象：原来这种感觉是来自我自己的，这个小手和小脚就是属于我的身体的。

教孩子说自己的名字和"我"。孩子的自我意识发展，也是同语言发展相联系的。所以父母应该结合语言发展，教孩子尽早学会说自己的名字，进而学会说"我"。我们已经知道了说"我"的重要性，所以，在孩子学会说自己的名字之后，就应该及时引导孩子说"我"。当然，不能着急，应该循序渐进。比如，把"妈妈给晓欢拿"，说成"我给你拿"；孩子说"晓欢喝水"，引导他说"我喝水"。慢慢地，孩子学会说"我"，自我意识就有了明显的提高。

给孩子自主的机会

我的小外孙沐沐长得壮实，四五个月的时候就20来斤，谁抱着感觉都挺沉。于是我和妻子就给小外孙买了学步车。没想到，小外孙看到了学步车竟然开心得不得了。有一天，他刚坐上学步车就撒开了欢，开始四处跑动。后来我发现，自从有了学步车，小外孙都不喜欢让人抱了。只要上了学步车，他就噌噌地跑。先前，如果把他放在床上自己玩，时间不长他就玩够了，就会吵着要人抱。可在学步车上，他几乎没有玩够了的时候。这是为什么？小外孙不喜欢在大人怀里，是因为被人抱在怀里不自由，不自主；小外孙喜欢学步车，是因为学步车可以让他自由地活动，自主地探索。

于是我忽然意识到，原来主动性是人的一个天性，是人的生命发展倾向于自由和自主的自然天性。回想起来，小外孙的确很早就表现出了这种主动性。

很早的时候，你把他抱在怀里，他那小脑袋不是这边转，就是那边转。他那小身子不是往这边使劲，就是往那边使劲。再后来，他兴奋起来那主动地转头扭身的劲头，足以带动大人随他转过去。

大约三四个月的时候，小外孙有了第一次翻身。从此，他就不再满足仰卧在床的姿势，经常想翻身。你看他，小身子铆足了劲儿，小脸憋得通红，翻过身来还要很费劲儿地才能支撑起自己的小脑袋。但是，每次翻过身来，他都会朝大人笑，好像在庆祝自己的成功。再后来，他翻过身来就想够东西，够不到就换个方向够别的东西。于是，他就经常在床上转磨，转向自己想够到的东西。

前两天又发现，小外孙不再转磨了。他看准了一个玩具，就攒足了全身的劲儿，一边使劲儿一边嘴里"呵呵"地发出声音，好像在给自己加油，一个劲儿地连蹬带爬。忽然，他前进了，他够到了想要的玩具。小外孙会爬了！从此，小外孙只要看到眼前什么东西可以够到，就会爬过去，虽然爬得并不轻松，却很开心。

——沐沐外公的感悟

听听专家怎么说 **主动性就是这样魔力无穷**

这都是因为学步车给了他更多的主动性，让他有了更大的自由、更多的自主。

主动性就是这样魔力无穷。主动性是每个人与生俱来的天性，是每个人生命成长的内在规律，是每个人心灵世界的核心品质，是每个人最大限度的自我发展的原动力。

于是有人说，正因为主动性魅力无穷，才要通过教育好好培养孩子的主动性。不，不，不能这样说。主动性是不用培养的，它是与生俱来的，是本性就有的，是自然天成的，是人的生命里本已潜在的。《中庸》里说："天命之谓性，率性之谓道，修道之谓教。"对古人的话，尽管见仁见智，其说不一，有一点是公认的，这句话强调了人的发展应顺应自然天性。古人的远见卓识，不能不令今人叹服。

专家教你这样做 **让孩子自由发展、自主成长**

我们所有的教育都需要珍视孩子的主动性，保护孩子的主动性，激发孩子的主动性。今天，真正理想的教育，也许就该像学步车那样，顺应孩子的自然天性，顺应孩子本性的主动性，让孩子自由地发展，自主地成长。

给孩子一张习惯养成清单

1978年，75位诺贝尔奖获得者在巴黎聚会。怀着对诺贝尔奖获得者的崇敬，有个记者问其中一位诺贝尔奖获得者："在您的一生里，您认为最重要的东西是在哪里学到的？"

这位白发苍苍的诺贝尔奖获得者平静地回答："幼儿园。"

记者感到非常惊奇，又问道："为什么是在幼儿园呢？您认为您在幼儿园里学到了什么呢？"

诺贝尔奖获得者微笑着回答："在幼儿园里，我学会了很多很多。比如，把自己的东西分一半给小伙伴们；不是自己的东西不要拿；东西要放整齐；饭前要洗手；午饭后要休息；做了错事要表示歉意；学习要多思考，要仔细观察大自然。我认为，我学到的最重要的东西就是这些。"

所有在场的人对这位诺贝尔奖获得者的回答报以热烈的掌声。

是的，大多数科学家都认为，他们终生所学到的最重要的东西，是在幼儿园学到的。

这最重要的东西是什么？是习惯，是让人受益终生的良好习惯。

——诺贝尔奖获得者的感悟

听听专家怎么说　**习惯就是命运**

　　故事给我们的启迪是深刻的。习惯对孩子的现在和将来，甚至整个人生都有着非常重要的意义。可以说，对学前孩子的教育，关键在于养成良好的习惯。

　　在我们的教育中，大家都喜欢谈思想品德教育。一说起思想品德教育，很多人就想到了摆事实讲道理，想到了谆谆教导，想到了循循善诱，甚至想到了耳提面命。其实，真正的品德培养、真正的做人教育，是以良好行为习惯的养成为基础的。所以说，做人教育不是成人怎样说，而是教孩子怎样做，并且使其逐渐习惯了这样做。对小孩子，特别是学前的孩子，全部的品德教育就是良好行为习惯的养成。这就是所谓的"养成教育"。一个孩子，只要多养成一个好习惯，就多具备了一份好品性，就多拥有了一份好命运。所以说，对小孩子不要随便说什么思想教育，应该强调的是行为训练，是行为养成教育。不用总是对孩子谆谆教导，只要训练孩子就餐时总是先让奶奶吃，聚会时总是先请客人坐，就足以养成孩子礼让、谦恭等好品性。这是因为，孩子的心是一块神奇的土地，播上行为的种子就会收获习惯，播上习惯的种子就会收获性格，播上性格的种子就会收获命运。

　　什么时候是形成习惯的最好时期？当然是童年，是幼年，是生命的早期。一个人的许多受益终生的习惯，都是在小时候形成的。因此，学前阶段是习惯养成教育的最佳时期。一来孩子年龄越小，习惯养成在教育上的意义越大，口头说教不及行为习惯的训练更有育人功能。二来孩子年龄越小，越需要学习新的行为反应，也就容易养成新的行为习惯。因为，这是在神经系统中直接建立一个新的联系，要比改造一个旧联系再建立新联系容易得多。

　　因此，为了孩子的健康成长和终身的幸福，每一个父母都不能忽视孩子良好习惯的养成。我们应该怎么办呢？

专家教你这样做 / 好习惯是这样培养出来的

父母的心理准备要到位。在思考如何养成孩子的好习惯前，先要思考一下这样的问题：什么是好习惯？吃饭不看电视是好习惯吗？可为什么有那么多的大人是边吃饭边看电视的呢？想让孩子养成某个习惯的时候，家长必须先自己反思：这个习惯是不是必须的？这个习惯适合他吗？所以，要了解自己的孩子，要先制定最适合他的习惯。接下来要反思的是：好习惯越多越好吗？习惯其实是一种定势，确切地说是一种行为上的定势。所以我们又回到了第一个问题——这个习惯是不是必须的？最后还要反思：你了解自己在孩子习惯养成中的角色吗？习惯的养成不是一朝一夕的事，父母作为习惯的培养者，需要全程参与，你坚信自己能够坚持下去吗？如果自己不能坚持，三天打鱼，两天晒网，那你只会言传身教给孩子一个三心二意的坏习惯！在培养孩子好习惯前，你真的需要解决好一些认识问题，把心理准备做到位。你也一定明白，好习惯的培养内容就不用讨论了，我们需要讨论的是好习惯的培养方法。

把握好关键，事半功倍。任何一个习惯的养成都有个关键期，把握住了关键期，也就把握了好习惯。按照美国科学家的研究，一个习惯的养成需要21天。不用说，这个21天是个平均数，养成的习惯不一样，每一个人的认真程度不一样，刻苦程度不一样，所用的时间也肯定不一样。既然这21天是个平均数，那我们用一个月的概念更好记，而且更保险地说，培养习惯重在第一个月，关键在头3天。

遵循习惯养成中的基本要点。首先是严格要求。培养孩子的良好习惯，有赖于家长的严格要求。要求一经提出，就必须坚决贯彻施行，不可以有例外。其次是以身作则。在培养孩子某种好习惯的过程中，家长的表率作用很重要，所谓"谁家的孩子像谁"，说的就是这个道理。己不正，不能正人，这句话用在好习惯的养成上也很合适。再次是提供条件。家长提供相应的条件，有助于孩子较快地形成习惯。比如，要求孩子饭后漱口，每次饭后为他提供一杯水，在他养成饭后漱口的习惯之后，再让他自己倒水，比一开始就要他自己倒水漱口更容易形成习惯。最后是及时强化。习惯的形成非一朝一夕之功，非反复练习不可。当孩子按照要求去做时，家长应及时给予肯定，以便让孩子有愉快的体验。这种肯定和体验就是一种正面强化，有了这种强化作用，良好习惯就容易形成。

挫折教育必不可少

　　我的儿子鲁鲁与住在楼下的叫西西的小女孩挺玩得来。每次从幼儿园回来，儿子一下车就高高兴兴地喊"西西，西西"，跑向小女孩家。然后，他们一起在院里玩游戏。

　　可就在不久前，小女孩搬家了，搬到了一个很远的地方。在小女孩搬家的那天下午，儿子从幼儿园回来，还是像往常那样高喊着，可是再也没有了伙伴兴奋的回应声。当得知小伙伴已经搬家时，他呆呆地面对着紧闭的门好久。连续几天，儿子每次放学回来，总是看一看那房门，尽管他不再说什么，但我知道他心里还是有几分失落和遗憾……

　　　　　　　　　　　　　　　　　　　　　——鲁鲁爸爸的烦恼

听听专家怎么说　从小经历点挫折才能长大

　　随着成长，孩子必然会遭遇挫折，必然会体验到挫折感。有了挫折感，这是孩子成长的一个标志。很少遭受挫折的孩子长大后，会因不适应社会而困难重重。俗话说，"吃一堑，长一智"，让孩子从小经历点挫折，才能使他真正地长大。尽管挫折不可避免，尽管挫折感有助于孩子成长，但是，如果经受挫折太多，会伤害到孩子的心灵。因此，家长要为孩子提供适当的帮助，帮孩子走过挫折。

专家教你这样做 **挫折必不可免，又要适当调控**

面对来自成人的挫折。 无论成人如何尊重孩子的感受，仍有很多时候不得不阻止他做想做的事，或让他做不愿意做的事。这种挫折必不可免，又要适当调控。这就需要父母不仅机智灵活，还要有点表演才能。比如，你着急回家，但孩子正想要下地走，你冲过去把他抓进童车里，只会让他大闹。但是，如果你表现得好像有的是时间，只是因为好玩，当"马"拉他回家，孩子就可能免于哭闹。

面对来自同伴的挫折。 两三岁的孩子，对同龄伙伴非常感兴趣，非常在乎彼此的友谊。但是，这么大的孩子，即使是最好的朋友，也会经常让彼此感到挫折，因为他们还不能站在对方的角度考虑问题。比如，一个孩子想要拥抱另一个孩子，而那孩子不想被抱，会弄得都不高兴。不要指望很小的孩子能自己解决这样的问题。他们需要大人给双方作解释，来维持和谐，维护心理平衡。

面对来自物品的挫折。 孩子想玩弄的东西，通常不会听由他摆布。比如，他会因为不能把方形积木放进圆形洞而沮丧。遇到挫折之后，孩子懂得了方形积木不能放进圆形洞的事实。但是，过多的挫折会让他放弃尝试和努力。所以，适当的时候，家长要准备好过去帮把手。当然，帮把手不是越俎代庖，而是帮助他想办法。

面对来自自身的挫折。 孩子想要推旁边姐姐的娃娃推车，但是他太小了，够不到把手；孩子想要扔对面哥哥的篮球，但是他太弱了，还拿不起来。孩子经受这样的来自自身能力局限的挫折，可以锻炼挫折承受力。但是，不能让挫折感变成绝望，所以，他的玩具应该与他的能力相适应，让他感到可以驾驭，体验到成功感。

有一种爱叫放手

一天，我的小女儿娜娜求我带她放风筝。我磨不过她，便放下手中的笔，陪她走向村外的旷野。风筝飞上天，我才把线轮交给小女儿。抬头望蓝天，风筝在空中飘啊飘啊，与鸟比翼。面对风筝的自由翱翔，小女儿也欢天喜地跳了起来。太阳落山，小女儿兴致正浓。"走，该回家了。"我的口气不容商量。她只好服从。我俩开始收拾住风筝的那根长长的线。说来也真巧，在还有几米长的时候，风筝刚刚落地，拴住风筝一头的线扣脱开了。小女儿这个庆幸："爸，晚一会儿，风筝就该飞跑了。"

我庆幸之余蓦地为风筝生出一丝不幸甚至悲哀：原来的自由风筝始终没有挣脱人手中的那根线！为什么偏偏在落地时才脱扣，而失去一次获得真正自由的机会？

——娜娜爸爸的烦恼

听听专家怎么说 **孩子成了大人手上的风筝**

思绪到此，面对眼前活蹦乱跳的孩子，我情不自禁地自责：难得走出家门走向田野的这次机会，却没能让孩子与同伴来真正享受一回自由。我依稀看见一根线，虽然挺长，却一头攥在我的手上，一头拴住孩子。孩子成了我手上的风筝……

并非以己度人，现实生活中的确有不少孩子成了大人手上的风筝：孩子们没有真正的自由，独立性受到压抑。孩子们的事，我们许多做父母的总是都替他们做，替他们想，把他们的手脚和头脑束缚起来，使孩子失去了独立性。其结果无非两种情况：如果孩子被束缚住了，便不能练就必要的自立能力和生存本领，一旦成长起来走向社会，会困难重重，寸步难行，待你把他放飞的时候，他也如人手上的风筝，不能自由翱翔；如果孩子突然挣脱束缚，也会走向另一极端，反抗家长，闹不好会形成反社会人格，如断线的风筝无所规范。

专家教你这样做 **从小培养孩子的独立性**

因而，我们唯一的选择，只能是从小教会孩子用自己的手做事，用自己的脑想事，用自己的双脚走路，把孩子看成小鸟，教它用自己的双翅飞翔，而不应该把孩子当风筝，手里总攥着一根长线不放。一句话：我们应该从小培养孩子的独立性。

教孩子自己的事情自己干。孩子长大一岁，他自己就有一种长大了的感觉。父母就该引导他多做点自我服务性的劳动，教他懂得自己的事情自己干，比如，自己穿衣，自己叠被，自己洗漱，自己搞卫生，等等。孩子会从中体验到自己的力量，也就培养了独立性。有些家长事事包办代替，实际上是剥夺了孩子锻炼独立性的机会。

让孩子有自己的选择。没有明显的是非对错的事，都可以让孩子自己选择，从而培养独立自主的意识。比如，每天上幼儿园穿什么衣服，就可以让孩子自己选择；回家来了做什么游戏，也可以让孩子自己选择；星期天是跟妈妈去上街还是跟爸爸在家里玩，也可以让孩子自己选择。这是教孩子学习用自己的头脑想事。

给孩子更多的自由。家庭教育往往有两个极端，对孩子要么娇宠过度，要么管教过严，这都不利于孩子独立性的发展。所谓给孩子更多的自由，一方面与管教过严不同，另一方面与娇宠过度也有区别。我们说给孩子更多的自由，是指从整体的角度，从独立性培养上给孩子充分的"解放"和"自由"，并非撒手不管。大人不应该过分期望孩子按大人的意愿去做事，应该为孩子创造各种施展自己才能的机会，让他们的个性自由发展。这其中包含着对孩子人格的尊重。

鼓励孩子多参加各种活动。独立不是孤立。孩子在幼儿园里的各种活动中，在与小朋友们的交往中锻炼了能力，长了本事，独立性才越来越强。

教孩子学会采纳别人的建议。这是独立性与任性的根本区别。从小教孩子懂得遇到事自己拿主意当然好，但是，对老师、家长、伙伴们的好主意也不能随便就拒绝。

总之，不会用自己的手做事，不会用自己的脚走路，不会用自己的头脑思考问题的人，是很难自立于世的，更不要说成才。为了孩子早日成才，别再把孩子当风筝，让他们做一只雏鹰，早一天学会自由翱翔吧！

孩子注意力不集中是病吗？

我的儿子今年6岁了，正在读幼儿园大班，暑假后就该读小学一年级了。现在，一个让我们头疼的问题是，孩子注意力总是不能很好地集中。老师也反映了这个问题，告诉我说上课的时候孩子总是爱走神，提醒我注意力非常重要，嘱咐我要注意孩子注意力的培养。现在，我最想知道的是，有什么办法可以帮助孩子集中注意力？

——宝妈的烦恼

听听专家怎么说 **注意力是智慧之门**

这是一个很多家长都关心的问题。确实，对孩子来说，注意力非常重要。没有注意力，就谈不上任何智慧的发展，因此，可以说注意力是智慧之门。

但是，孩子的注意力就像胆怯的小鸟，总是容易飞跑。就是说，几岁的孩子注意力本来就容易分散，这是正常的，家长可不要把它当成毛病。随着年龄的增长，孩子的注意力保持的时间会慢慢延长的。

可是，一旦我们轻率地给孩子贴上一个"注意力不集中"的标签，说不定会让孩子真的越来越难于集中注意力了。再说，有时候走神是没有兴趣了，只要遇到有兴趣的事情能够集中注意力，就没有毛病。当然，如果觉得孩子确实注意力不够好，也可以进行训练培养。

专家教你这样做 / 养成做事聚精会神的好习惯

培养孩子注意力的方法。一是，在家里给孩子开辟一个相对独立的、没有干扰的空间。二是，尽量让孩子独立做完一件事情，不要中途去打断他，哪怕孩子有点分心也不要轻易过问，这一点是非常重要的。三是，在孩子做一件事情时，把桌上的其他物品收起，以免分散他的注意。四是，尽量让孩子在固定的时间去做事并养成习惯。五是，讲故事或者和孩子聊天要专心，尽量做到吸引孩子注意力时间长一点，不要中途中断。六是，培养孩子形成良好的读书习惯。读书时有固定的位置，有固定的桌椅，拿掉无关的摆设如画片、玩具等。引导孩子在读书写字之前，把其他事情都处理好，如准备物品，喝水，上厕所等。这样，孩子也就养成了做事聚精会神的习惯，也就打开了智慧之门。

走神的矫正方法。一是，如果是刚刚发现苗头，可以选择孩子比较喜欢的活动来训练，比如看图画书，学画画，听故事等，在这样比较安静的活动中来锻炼孩子沉静稳定的性格，孩子不会有抵触情绪，效果也不错。二是，如果孩子表现较明显，就要花较多的时间和精力，循序渐进地矫正了。千万不要简单地指责和打骂，因为简单地责骂等于强化了孩子的毛病，反而难以改正了。在矫正的过程中，不要提出过高的要求，先给孩子设定一个较近的起点。比如，孩子注意力可以保持5分钟，那么让他做4分钟可以完成的事情，然后一定要给予表扬和鼓励，激发孩子的兴趣和信心，再逐渐延长保持注意的时间。在矫正的过程中，孩子有一点进步就要及时鼓励。这样，孩子注意力慢慢地就会好起来。

这样对孩子进行早期教育就对了

我的孩子出生好几个月了，我想把他培养成一个有作为的人。我是个爱读书的人，可是命运留给我一个最大的遗憾，那就是没能走进大学的校门。所以我很早就开始对孩子进行早期教育。可是孩子怎么对拿笔写字没有兴趣呢？前些天，我给孩子一支笔，让他在纸上写画。开头还可以，可是不久他就没兴趣了，再给他笔他就扔得远远的，而去玩别的东西了。

——宝妈的苦恼

听听专家怎么说 **早期教育不等于早读书**

早期教育当然越早越好。但是早期教育不等于早读书、早识字。常常有些人一提起孩子的早期教育，就是读书、写字、算数，等等，这实在是早期教育的严重误区。因为这违背了儿童心理的特点，对儿童的心理发展是不利的，弄不好会影响孩子一生的发展。这位年轻的母亲如此关注孩子早期教育，是个难得的好妈妈。可她的教育内容不对头，不满一岁的孩子还没到学写字的时候，就想在孩子身上圆自己的大学梦，太心急了。

那么，早期教育首先该教孩子什么？所谓早期教育，就年龄来说一般是指对出生到3岁左右的婴幼儿的教育，就内容说主要是感官训练、语言训练和行为习惯的养成。孩子出生后的第一年，儿童心理学上叫作婴儿期，教育应以感官训练为主。在3岁前，感官训练也是重要的内容。所以，感官训练是早期教育的第一步。

心理学有个有趣的实验。一位心理学家把12对孪生老鼠分为两组：一组放到刺激、丰富的环境中，一起装进一个大笼子，灯光明亮，能听到各种声音，并装有梯子、车轮等；另一组放到尽可能没有刺激的环境中，单独装进小笼子，放在昏暗无声的屋子里。80天后，在刺激、丰富的环境中的老鼠脑子的体积大、皱褶深、分量重，而且聪明得多。这个实验告诉我们，让孩子多用眼、耳、手等感官，丰富的感官刺激可以促进大脑的发育，也就使人更聪明。

专家教你这样做 ✎ 感官训练是早教第一步

孩子从母亲腹部这个小天地来到陌生的大世界，如果说他们对世界有所认识的话，那么最初就是各种感觉。感觉是一切复杂认识的基础。所以说，不能一提早期教育就是写字、算数，对孩子的感官训练才是家庭早教的第一步。

眼睛的训练。孩子刚出生对光就有反应。不要以为新生儿怕见光。眼睛的训练，最早应先给孩子以明暗光线的刺激。随着孩子长大些，可以在他的小床周围悬挂各种色彩鲜艳的气球、布条等，这比他睁眼只看见白色的屋顶好得多。小家伙偏爱红色，家长可以拿个鲜艳的红球放在他眼前，逗他用两眼注视，随后慢慢移动红球，吸引两眼跟踪红球。小家伙对人的脸似乎有极大的兴趣，比注视别的东西的时间都长，每次盯住妈妈的脸就目不转睛。妈妈在哄抱孩子时，可以经常变换位置，让他从不同角度注视你的脸，训练孩子的视觉机能。对两三岁的孩子，应给他准备五颜六色的玩具，还可以利用游戏训练视觉能力。比如，大人在一张纸上先画一条红线，让孩子也画一条红线，大人画一条绿线，孩子也画一条绿线，其他颜色类推。孩子画的颜色不一样，算输，然后互换，由孩子先画大人后画。这是"画线游戏"。大人也可以跟孩子说："我心里想着屋子中的一个东西，是红色的，你猜是什么？"他就可能猜各种红色的东西。这是"猜猜看游戏"。还可以把棋子、豆粒等小东西放在桌上几个，让他看一眼很快说出数目。这是"数数游戏"。

耳朵的训练。稍一留意就会发现，小宝贝出生后似乎耳朵更好使些，有时看得不如听得好。所以，更应及早训练宝宝耳朵的听力。比如，小宝贝啼哭起来，母亲不要以为只有喂奶才是好办法，弄出一个清脆的音响（如铃声）同样能止住小宝贝的哭声，还可以吸引他寻找声源。自然，悦耳的歌声是最好的听觉刺激。虽然母亲不是歌唱家，但为了孩子还是应学会几首好听的歌，因为孩子早期跟母亲交往的时间最长。给孩子轻声地朗读诗歌也是个好办法，这可以使他们随大人语调的变化有不同反应，又为发展语音听力做了准备。孩子非常喜欢有人跟他"谈话"，尽管他们还听不懂。父母热情洋溢的语调是很好的听觉刺激。跟两三岁的孩子玩"悄悄话游戏"也可以训练听力。如果孩子由于某些疾病如中耳炎而听力受损，除其他措施外，父母更应注意对孩子大声喊话，以训练听力。这个阶段又是孩子语言发展的关键期，所以，应特别注意对孩子增加语言交流。

手的训练。手并非只是用来劳动的。对婴幼儿来说，手首先是一种重要的感官，是认识世界的重要途径。由手获得的感觉叫触摸觉。闭上眼试想，事物的凉热、软硬、轻重等都可以用手来认识。这就不难理解，婴幼儿的两只小手总要东摸西摸闲不住，手对他们的意义该有多么重要。因此，应该充分"解放"他们的双手。让小宝贝的手摸摸抓抓，可以训练他们手眼协调能力；跟两三岁的孩子还可以做"蒙眼睛游戏"，给他们手上放一个东西叫他们猜是什么，或者让他自己摸，猜摸到的东西。这样可以发展孩子的触摸觉。一些运用手指的游戏，如折纸、剪纸等，也可以发展孩子肌肉、关节的感觉能力，观察力、创造力也从中得到发展。常言道，心灵手巧，反之也成立：手巧心灵。

嘴的训练。婴儿的嘴不只管吃，也是认识事物的一个感官。小家伙喜欢把什么东西都往嘴里放，仿佛不放进嘴里就不知道那是什么。这的确是幼儿认识事物的一个渠道。因此，有些东西让孩子尝尝也是有益的感官训练。当然要注意安全。

如果你的孩子是一个好奇宝宝

爱迪生在很小的时候就显示出了极强的好奇心。他只要看到不明白的事情，就抓住大人的衣角问个不停，非要问出答案不可。

一次，他看到孵蛋的母鸡后想：人为什么不能孵出小鸡呢？于是，他就蹲在鸡窝里，屁股下面放了好多鸡蛋孵起小鸡来。父母四处寻找，终于在鸡窝里找到了他。还有一次，他看见鸟儿在天空中自由飞翔，就想：既然鸟能飞，为什么人不能飞呢？于是，为了让小伙伴飞上天空去，他找来一种药粉给小伙伴吃，结果小伙伴险些丧命，爱迪生也受到了父母的惩罚。

上学以后，爱迪生仍然爱刨根问底，经常把老师问得目瞪口呆、窘迫不堪。一次，爱迪生问老师："为什么2加2等于4呢？"这个问题把老师问住了。老师认为爱迪生是个捣蛋鬼，专门和老师闹别扭。于是，在上了3个月的学以后，爱迪生被老师赶回了家。

爱迪生的母亲是一位好母亲，并没有因为儿子被撵回来而责怪他，相反，她亲自担负起了教育孩子的责任。当她发现爱迪生好奇心强，对物理、化学特别感兴趣时，就给他买了有关物理、化学实验的书，爱迪生就照着书本独自做起实验来，这就是科学发明的启蒙教育。长大了的爱迪生，在强烈的好奇心驱使下，进行了一系列的发明创造。他发明了电报、电话，等等，被人们称为"最伟大的发明家"。

可见，爱迪生的成功与他强烈的好奇心分不开。

——好奇心极强的爱迪生

听听专家怎么说 / 好奇心是孩子的天性

经常和孩子在一起，你一定会发现他似乎有问不完的问题，探不完的秘密，闯不完的"祸"，弄得大人往往觉得他们挺烦。但是，如果我们静下心来，便会从孩子问这问那、摸这摸那中看出，其实他们是对大千世界充满了好奇，他们渴望通过自己的探索了解世界，探个究竟。这就是孩子的好奇心。

好奇心是人积极探究新事物的一种倾向，是人类认识世界的动力之一。好奇心是孩子的天性。婴儿在两个月时就能追视活动的玩具，注视移动的人脸，对突然的闹声有惊跳的反应，听到铃声停止哭闹并能追逐声源；在七八个月时已能对新颖的物体表示惊奇和兴奋，看到镜子里的自己时，能用手拍打，"啊啊"地说话，能到镜子的后面去寻找，出现探究行为，常常用嘴咬玩具，会追逐远处的物品。两三岁的孩子有喜爱"探索"的特点，他们好提问，常常打破砂锅问到底。他们提问的内容多数是些"是什么"的问题，什么都想了解。这时的孩子已进入喜欢了解新事物的时期，他们要求妈妈在衣服上缝上个兜，他们把小瓶盖、小石子、小木棍、小虫、碎玻璃、糖纸、商标等视为珍宝收藏起来，不断拿出来摆弄……所有这些充分说明，人在儿童时期就有了一种纯真的好奇心，随着年龄的增长，好奇心就变成了求知的兴趣。

专家教你这样做 / 鼓励孩子积极的探索行为

那么，家长该如何激发培养孩子的好奇心？

给孩子创造丰富多彩的环境。环境中丰富多彩的事物呈现在孩子的面前时，可以引导他们亲自去看看、听听、闻闻、尝尝、摸摸掰掰、拆拆卸卸等，这实际上是让孩子主动去探索生活中的奥秘。日常生活中，可以让他们多玩些色彩鲜艳的或者能活动发声的玩具，如各种娃娃、电动汽车、电动飞机小铃铛、玩具乐器，等等，从而丰富他们的眼界。在节假日还可以带他们出去郊游，大自然中的花草树木、鸟兽虫鱼、青山绿水都充满了知识的奥秘，对孩子有着无穷的吸引力。

利用故事增强孩子的好奇心。故事是用口语化的艺术语言来表达的，它有内容，有情节，形象生动，孩子都非常喜欢听。故事不但能丰富孩子的知识，扩展孩子的视野，使他们从中懂得人生的哲理和人生价值，而且还能起到增强好奇心、丰富想象力，从而激发求知欲望的作用。当孩子6个月可以坐在大人膝盖上的时候，家长就应当给他们读图画书或讲故事，这种温馨的气氛能培养他们对书籍的好奇心。

鼓励孩子积极的探索行为。好奇、好问是孩子的天性，我们应好好爱护，并给他们充分的自由，允许他们大胆地去探索。即使孩子产生了一些稀奇古怪的想法，家长也不能盲目否定，而应采取他们能理解的方式，耐心解答，共同讨论，或提出问题引导他们继续思索；同时，要关心他们那些在大人看来似乎是错误的行为，要善于发现他们"错误"中的探索创造成分，帮助他们选用适宜的方法继续展示出来，及时肯定他们与众不同的想法和做法，推动他们好奇心的发展。

为孩子提供动脑动手的机会。根据孩子模仿性强又爱动的特点，可以让他们利用手边的工具，充分运用各种感官，自己观察，自己动手操作，让孩子体验到一种自我成就感和乐趣。比如，让孩子用小锅、小碗等来做饭，让孩子自己制作一个简单的玩具，等等。他们都会兴致很高，对自己动脑筋想出来的东西，对自己动手做出来的东西，有一种特殊的兴趣。因而，这样的活动有利于激发起他们强烈的好奇心和求知欲。

快乐的孩子都是一点点教出来的

我的孩子涛涛是一个健康活泼的小男孩，今年5岁了，我们视他为掌上明珠，要什么给什么，但是涛涛仍然不快乐，经常冲我们发脾气。我们不知涛涛这是怎么了。

前些日子，涛涛吵着要学钢琴。涛涛爸一听，马上买了台钢琴回来，还专门为他请了个家庭教师在家里学。可是，涛涛学了两天又不学了。后来，涛涛又要学画画，要报幼儿园的美术学习班。我一听儿子有兴趣，当然要正规地学，特意请了个美院的老师在家里单独教。可是，没两天涛涛又不学了。如果稍加责备，他就又吵又闹。

于是，我们得出这样一个结论：这个孩子没长性，学什么都没法成功。

后来，我们的一个朋友来做客，问涛涛为什么想学钢琴和绘画，涛涛这才说出了原因：钢琴、绘画班里有许多小朋友，我想，和他们一起玩肯定会很开心……

原来如此。真是大人不懂孩子心啊。父母似乎满足了孩子一切，可是孩子并不快乐，因为，他是想和小伙伴们在一起，他没有得到这样的快乐。

——涛涛爸妈的烦恼

听听专家怎么说 **快乐的性格不是天生的**

事情常常这样，家长都十分关心孩子的身体健康和智力培养，但是，对孩子的情感生活却没有给予足够的重视，不知道孩子快乐不快乐，不知道怎样让孩子快乐。

人的情感生活或情绪状态，和人体的生理变化有着紧密的联系，情绪可以直接影响植物性神经系统的功能。比如，人在激动、紧张时，会出现心率加快、血压上升、呼吸急促、胃肠道活动受到抑制；恐惧时可见呼吸暂时中断、脸色发白、出冷汗；悲伤时则胃肠道蠕动和消化液的分泌都减少，引起食欲减退；心情愉快时，胃肠道蠕动和消化液分泌都会增加。情绪还会导致内分泌的改变。孩子如果长期处于某种消极的情绪状态如压抑、紧张、悲伤，体内的正常生理活动就会被打乱，生长发育也会受到一定的影响。孩子的情绪状态还会影响他的各种活动。如果某种活动与愉快的情绪体验联系在一起，孩子就很乐意参加，而且有兴趣，反之则会引起孩子的厌恶和拒绝。除此之外，孩子是否快乐也影响到他的人际交往方式，快乐的孩子总是喜欢和小朋友一起玩，也比较容易忍让，而心理压抑的孩子则经常独自呆着或攻击别人。所以，保持愉快的情绪是孩子健康成长的条件之一。

快乐既是一种心情，也是一种性格。当一个人习惯了快乐的时候，快乐就成了他的性格，心理学上叫作性格的情绪特征。快乐的心情有起有伏，而快乐的性格比较稳定。快乐的性格不是天生的，是可以慢慢养成的。

专家教你这样做 **这样培养孩子快乐的性格**

孩子快乐的性格是可以培养的，培养的途径有很多。

让孩子享受自主的快乐。家长希望居室整洁，周围的邻居又喜欢安静，所以，孩子一旦开始喊叫跳跃，家长便会想办法制止，孩子只好越来越乖。表面上，是家长管教有方，实际上，由此带来的结果是，孩子的热情和活力丧失，孩子的心灵也受到了压抑。孩子毕竟需要尽情玩耍，需要有时间去玩泥土，打雪仗，看蜘蛛织网，看蚂蚁搬家，需要与伙伴们在一起无拘无束地打打闹闹。这些按照孩子自己的意愿去探索和交往的自主活动，更能给他们带来真正的快乐。所以，应该给孩子安排恰当的时间享受自主的快乐。

让孩子学会关心他人。孩子需要认同自己是家庭和社会中有价值的成员，感到自己对别人有用。家长应尽量给孩子提供接触社会、关心和帮助他人的机会。比如，让他把家里的旧玩具收集起来，送给需要的小朋友；帮助照看比自己年纪小的小朋友；帮妈妈做力所能及的家务，等等。在家里，家庭成员之间要相互关心，营造温馨的家庭氛围，让孩子从小就懂得关心家长、关心长辈，懂得在与人分享中找到快乐。

让孩子笑出声来。笑出来，对家长和孩子的健康都有好处。有些家长喜欢在孩子面前保持严肃的形象，以为这样才有尊严。其实不是那么回事。让你的家中充满笑声，并经常给孩子一个拥抱，这些是最好的爱的表达。有人说：一个孩子一天需要4次拥抱，才能存活；8次拥抱，才能维持；16次拥抱，才能成长。次数不必拘泥，道理应该遵循。亲子间感情不要只放在心里，还要表达出来。善于表达就会多一份快乐。

不要对孩子太苛求完美。孩子毕竟是孩子，各方面的能力有限，总有这样或那样的不足，家长不可过于追求完美。家长如果总是对孩子表示不满和批评，会伤了孩子的自尊，使他失去快乐。所以，下一次当你再要抱怨的时候，先想一下：十年后他还会这样做吗？如果你的答案是否定的，就别再唠叨个没完。记住：你和孩子之间的感情，总比他把袜子放在哪里重要得多。

教孩子解决问题的技巧。孩子自己解决一些问题，可以让他产生良好的自我感觉，树立起信心，并且具备了下次自己解决难题的勇气，心情当然好极了。当他遇到难题时，你可以按下面的步骤教他解决问题的技巧：发现问题；让孩子描述出他想要的结果；帮他设计出要达到这个结果的步骤；让他自己想，哪一步他能够自己完成，哪一步需要别人的帮助；在他确实需要帮助的步骤上提供帮助。这会让孩子保持快乐的心情。

给孩子展示自己的机会。每一个孩子都有自己独特的能力，展示这些能给他带来极大的喜悦。"妈妈，我给你讲个故事好不好？"这时即使你在厨房做饭，也要满足他这个愿望，并适时地给予肯定："你讲得真是太棒了。"要知道，能和你分享他喜欢的这个故事，他会是多么的快乐。孩子的热情能通过跟你分享和得到你的肯定，转化成良好的自尊、自信，而这些品质对他一生的快乐都是最宝贵的。

恭喜你，孩子话多了

　　我女儿今年3岁了。最近我发现孩子好像有一个毛病，就是话多。孩子的嘴总也闲不下来，就喜欢说话。哪怕她身边站着个陌生人，她也会缠着人家说个不停。孩子为什么话这样多？我不知道这是怎么回事，也不知道是好现象还是坏现象。

——宝妈的烦恼

听听专家怎么说　**语言能力的进步是不断说话练出来的**

　　你的孩子话多的情况是好事，是值得祝贺的！因为孩子的语言能力就是通过不断地说话逐渐训练出来的。你们的孩子正处于语言进步最显著的年龄，这时正是儿童的话多的时候。从两三岁开始，孩子进入了语言发展的一个新阶段，叫作"主动性语言阶段"。孩子学说话，最初主要是"听"，那时叫作"被动性语言阶段"。而一旦进入主动性语言阶段，就由以"听"为主，变为以"说"为主了。

　　所以，这个时候孩子正是话多的时候。他们大多数时候是在为"说话"而说话，不是为了表达什么，所以不管什么内容都说。总之，孩子这时候话多，其实是说话的练习。只有通过这样的"说"，孩子的语言表达能力才得以进步和提高。

专家教你这样做 **给孩子当忠实的好听众**

这样说来，对于这个年龄的孩子的多话，不要怕别人听了让做家长的自己难为情，或感到孩子说的话不合乎道理。应该把孩子和大人的语言区别对待。如果对孩子的说话内容说三道四，品头论足，就会打断孩子的话，妨碍孩子练习说话。而父母厌烦和不爱听的态度，更会影响孩子的积极性，使孩子不愿再说下去，也就影响了说话的练习。

对这个年龄的孩子，父母最高明的对策就是给孩子当一个忠实的好听众，抱着感兴趣和关注的态度来听，高高兴兴地听，以极大的耐心去听，非常欣赏地去听。孩子在主动性语言阶段，父母的倾听对孩子是最好的鼓励。这样，孩子就会变成一个能说会道的好孩子。

孩子看书"上瘾"了，该怎么办？

我的女儿彬彬是个文静的小姑娘，从小就喜欢看书。1岁时，我给她讲童话故事，她非要看着书上的画和字才行。有时，我忙家务，就给她一本书，她就静静地坐在那里，一页一页地翻，认认真真地看，像个大孩子似的。

再大一点，彬彬看书的内容更广泛了：爷爷的地图册、奶奶的菜谱、爸爸的汽车驾驶手册、我的美容杂志……只要是书，她都要拿过来翻看一番。幼儿园发的育儿手册，我们还没来得及看，她先睹为快；我拿回来的一份合同书，转眼就被她拿去"研究"了。我有点不高兴："你看得懂吗？什么都拿，丢了怎么办？"她毫不示弱，小脖子一梗："看得懂！"

今年，彬彬5岁多了，已经认识了两三千个汉字，阅读能力强，记忆力非常好。天文地理、古今中外的事情她知道不少，越来越有"杂家"的味道。

不知不觉，女儿成了"小书虫"，这可给大人们带来了不少麻烦。

晚上入睡是一件愁事。彬彬有睡觉前看书的习惯，每天晚上不到11点不睡觉。我们不停催促，常常是强行关掉台灯，她才会不情愿地去睡觉，有时还要哭一鼻子。晚上睡得晚，第二天早上自然就起不来，上幼儿园几乎天天迟到。

不服从约束是另一件愁事。在幼儿园，彬彬不爱和小朋友做游戏，不爱玩玩具，只爱看书。幼儿园的书看完了，她就溜出教室，随时停留在有文字的东西前面，全神贯注地看，而忘记自己该干什么。这让老师和家长都很担心。

吃饭也是一件愁事。她一边吃饭一边看书，一顿饭要吃一个小时。如果拿走她的书，她就会随便吃上几口，摸摸嘴，说吃饱了，拿着书就往房间走。

我怕她没吃饱，只好端着碗追过去。后来我想了一个办法，吃饭时尽量让她吃可以用手拿着吃的食物。这招还真管用，彬彬吃得还真不少。结果有一天，家里来了客人，我准备的是米饭、炒菜。彬彬一上桌子就问："妈妈，我吃什么？"我莫名其妙地回答："吃米饭呀。"彬彬说："米饭我怎么拿呀？"我还没想好如何解决这个问题，彬彬就来了一句："我不吃了。"站起来就走了。我又急又气。

书看得多了，孩子也越来越会说。因为看书，她视力下降得很快，我一着急就要把她的书收起来，她认真地看着我说："你不能收我的书，看书是我的权利！"我扬起巴掌吓唬她，谁知她竟瞪起眼睛对我说："打人犯法，更不能打小孩，有《未成年人保护法》，我可以告你。"我愁得哭不得笑不得……

——彬彬妈妈的烦恼

听听专家怎么说 / 与其阻止他，不如注意引导

生活中，确实有这样的小书迷，他们对文字信息有一种天生的敏感，爱看书远超过看电视。一般来说，这是难得的优点。通常，这样的孩子知识丰富，视野开阔，智力发展比较好。如果引导得法，孩子会有较好的发展。

但是，如果引导不好有时也有麻烦。比如，他们的文字记忆力通常很好，可一旦成为只记不想的"书橱"就麻烦了。再如，如果缺乏适当调整，过多读书会妨碍社会能力的发展，妨碍生活能力的发展，不会与人交往，生活受到影响。因此，需要家长注意调节引导。

专家教你这样做 **商定一份读书协议**

对这种情况的孩子，家长怎样引导调节呢？

保护孩子读书的积极性。家长不能简单打击限制，而要保护这种积极性；同时，适当把读书和生活联系起来，使书本知识在生活中发挥作用。

适当促进孩子的思考能力。凡是孩子看过的书，家长最好也浏览一下，然后用各种问题促使他思考，而不是单纯地记忆。要和孩子讨论、辩论，这样可以训练孩子的思维能力，免得只会读书，不会思考。

引导孩子与同伴的交往。家长可以通过讲道理，可以结合有关图书的内容，灵活机动地引导孩子增进和同伴的交往，发展必要的社会能力。

亲子商定一份读书协议。家长须和孩子好好商量，也可以通过辩论与孩子达成一份读书协议，最后要写成文字，贴在墙上，坚决遵守。这样，冷静理智的办法比简单的唠叨和打骂效果要好。

别急着教孩子知识，培养兴趣更重要

我的女儿5岁了，很喜欢听故事，我每天都会给她读一些童话书。但在生活中我感觉孩子听得多，说得太少了。我也不知道她到底听懂多少，不知道在给她读故事的同时应该如何指导孩子，才能让她消化吸收，变成自己的语言。我周围的同事有的会给孩子读《简爱》之类的名著，这些著作对这么大的孩子来说能理解吗？但童话一般篇幅较短，内容简单，我又担心孩子听了会烦。好矛盾，请问我该如何选择，如何给孩子读书呢？

——宝妈的烦恼

听听专家怎么说　读书应该是孩子快乐的游戏

玩儿是孩子的天性，游戏是孩子的乐园。可是，我们不少家长不顾孩子的心理特点，老早就开始了所谓的"早期教育"，整天让孩子读书，识字，计算。结果呢，往往是各种各样的矛盾和忧愁接踵而来。如果把早让孩子读书等同于早期教育，这是对早期教育的极其片面的误解。如今，有些幼儿园也存在这样的误区，把幼儿园办得像小学，让孩子读书，写字，算术。幼儿的生活就是玩儿，幼儿的早期教育都应在玩儿中进行。读点书，识点字，学点数都可以，但是，都应该是孩子快乐的游戏。

专家教你这样做 **关键是培养孩子的读书兴趣**

说到你给孩子读童话书的做法，不妨叫作"听读"。如果孩子学有余力，如果家长具备条件，指导幼儿听读，这种做法是可取的。美国教育家杰姆·特米里斯就提倡这种方法。他认为培养孩子的读书兴趣要从小开始，要依靠父母来"诱发"。父母应从孩子很小的时候，就养成为孩子朗读的习惯，每天20分钟，持之以恒，孩子对阅读的兴趣，便会在父母抑扬顿挫的朗读声中渐渐产生了。他认为孩子坚持听读，可以使注意力集中，有利于扩大词汇量，并能激发想象，拓宽视野，丰富孩子的情感。在每天20分钟的听读中，孩子会逐渐领悟语句结构和词义神韵，产生想读书的愿望，并能初步具备广泛阅读的基础。至于孩子的语言发展，如果能结合读物，结合生活，家长多和孩子交流，孩子自然就能说会道了。

但是，有一点是必须明确的，指导孩子听读的目的，重要的不是让孩子从中学多少知识，而是激发孩子的阅读兴趣。就是说，早期的幼儿阅读指导，关键是从小培养孩子的读书兴趣，让孩子喜欢书，把书当成他的好伙伴，进而培养孩子的阅读习惯和阅读能力。如果让孩子倒了胃口，没有了阅读兴趣，见到书就头疼，那到时候家长可就不是"好矛盾"的问题了，而是"好痛苦"了。

既然指导孩子听读的关键是为了培养孩子的阅读兴趣，那么，《简爱》之类的名著自然不如童话书更合适了。当然，随着孩子的长大，听读的内容可逐步加深，到时候，还应及时指导孩子学会自己阅读，这就不用多说了。不管怎样，千万别忘了，培养孩子的阅读兴趣是最重要的。

孩子画画反映了什么心理？

小周博1岁了，父母却很发愁：送幼儿园，还不到年龄；找保姆带，家里住一间房，条件不允许。后来，周博爸爸决定带着孩子到办公室去。

爸爸在展览馆画室上班，他拿出几支笔和几张废纸给周博，让她自己画，自己玩。大概是五颜六色吸引了孩子，或是小周博天生爱用笔作画，她一画能画半天，神情专注，一点也不闹。她画出的画谁也看不出是什么意思，但周博自己懂，她指着画出的线条说：这是大海，这是白云，这是小鸟，这是鱼。

有一天，爸爸发现女儿在宣纸上画出的云真有点像了，很有童趣，便把这幅画留了下来，取名"嫦娥奔月"。爸爸又让女儿用小脚丫蘸墨，在画上走了一行脚印当作落款。女儿的第一幅作品就这样诞生了。

有一天，妈妈得知了北京市将举行幼儿书画大赛的消息。爸爸让周博画一幅去参赛。结果画的《水仙图》拿了一等奖。

周博长到3岁，她画的《大观园》参加全国少年儿童画大赛，又拿回一等奖。4岁，她的《套马图》获得全国少儿简笔画大赛一等奖。后来，周博获画赛奖的次数也越来越多。

——出了名的小画家

听听专家怎么说 **每个小孩都是个小画家**

不要说"人家孩子不同寻常"，其实每个小孩儿都是一个小画家。

"快别说笑话了。瞎涂乱抹的可把我恼透了！再说，画得哪也不像哪。什么小画家。"你也许不满地这样想。

画画是孩子成长发育中的重要活动之一，除了一些特殊儿童，谁见过从不涂涂画画的孩子？画画，是孩子们表现心理活动和生活经验的重要手段之一，在培养和发挥创造能力上，有优于其他方面的长处。至于画得怎么样，可不能用成人画的标准衡量孩子的画。儿童画虽幼稚可笑，却也耐人寻味，流露着成人画无法比拟的纯真活泼、丰富多彩、独具特色的童心特点。还是那句话，每个小孩儿都是个小画家。

你知道吗？小画家画画也经历了几个不同发展阶段呢。

涂鸦期。这大致在1岁半到3岁。孩子无目的地乱涂乱画，画出的条条道道并不表示什么，只是满足于动觉上的快感。涂涂画画之中，就学会了控制手，这是学画的前奏。

象征期。这大致是3岁到4岁的阶段。孩子由零乱的涂涂抹抹逐渐画出一些近似的图形，既像这又像那，常主观地赋予画某种意义：这是汽球，转而又说：这是汽车。就是说，他们已有了想画点什么的意思了。这是学画的开始。

图示期。这大致在4岁至6岁。他们开始试图表达某种内容，用不同图形标志不同事物。由于他们可以随心所欲画这画那了，因而表现出很高的积极性。可他们的画中突出的是心里想到的，而不是看到的。例如他们会把吃到肚子里的东西——画出来。

写实期。大致相当于小学时期。

抑制期。也就是小学以后。此期多数孩子的艺术细胞因多种原因被抑制了。

通常所说的儿童画，主要是指图示期的画。从图示期的画中，可以看出稚嫩的童心有趣可爱的特点。

表现自己的生活和经验。孩子画得最多的是他们最熟悉、最感兴趣的东西。比如女孩多爱画花和人，男孩多爱画汽车和动物，太阳则是所有孩子都要画的。

夸张表现。孩子常把感受最深、印象最强烈的部分表现为最大，画得最突出。你让4岁的孩子画个人试试，常常是一个圆圆的大脑袋，下边是细而短的小腿，手要比胳膊又长又大，身子也许干脆没有了。看来似乎幼稚可笑，可这正是孩子表达感情和认识的特点。这与艺术家是相通的，艺术家不是也讲夸张吗？只不过孩子的夸张是无意而天真的。

透明性。孩子力图表现自己知道的东西，并不管物体之间的遮挡关系。你会看到，他们画房子也画出墙壁里面的东西，隔着衣服画出胳膊和腿，画出吃到肚子里的饭粒……据考察，绘画艺术史上在古埃及就有过这种透明的艺术手法呢。

造型特点。①不考虑比例关系，如公鸡比房子要大许多倍。②特殊的远近法。空间的远近，表现在画面上是近的大些，远的小些。可孩子的画并不如此。他们画道路、树木、电线杆等都不论远近，大小、宽窄、高矮一个样。这在孩子看来并不是错误。他们的印象多来自于活动，如他们一边走一边看，道路的每一段自然都一样宽，表现在画面上也就一样宽。③视点不统一，他们画杯子大都把杯口画成圆形，这是从上面看；同一个杯子的杯底又大多画一条直线，这是从侧面看。④画正常视形。什么叫"正常视形"？比如，人的正常视形是正面；马、汽车的正常视形是侧面；花的正常视形是顶面。正常视形最容易突出事物的特征。孩子们基本上是画正常视形。您试试看，他们画汽车很少从车头或车尾角度去画。⑤天真的幻想。比如，他们在一个画面上画出3个太阳并解释说：一个是老太阳，一个是年轻太阳，一个是小太阳，它们轮流值日。这是儿童画中显露的非常可贵的童心特点。

顺序特点。孩子画画的顺序也很有意思。规律是：①从左到右。②从上到下。③从核心到附属。④由放射性顺序过渡到成对线画法，比如，画人先画一个圆后，起初是按放射性顺序依次画出四条线当四肢，以后学会成对地画两个手膊，再画两腿。⑤来回画，如画人，画完脸后画腿，再回来画胳膊，70％的孩子都是最后画胳膊。

专家教你这样做 **不要为培养画家才教孩子画画**

那么，我们应该怎样针对儿童画的童心特点来指导孩子呢？

从容对待。谈到这儿，家长会想到：看来，对家里这个小画家在地上墙上纸上书上的创作活动，还真不能光是气恼啊！正是这样。对孩子的涂抹的确不能随便指责和禁止，应从容对待，巧加引导。自然，也应及时给孩子准备笔纸等工具，或腾出一块地面，让孩子用可擦掉痕迹的笔尽情地画，以减少他随处乱画的机会。

积极鼓励。孩子的小手拿起笔，第一次画出一个道道，他心中便感到这是个"创举"。当手下能"变"出新东西时，他更觉得是自己了不起的"壮举"了。对此，家长应表示非常关注和喜爱，积极鼓励他创造更新更美的图画。

引导观察。家长可以引导孩子多观察身边的花鸟鱼虫等，观察大自然。这样，不仅可使孩子的画更生动，还可以培养孩子敏锐的观察力。

正确评价。对孩子的画，不能用成人的画法去要求。关键是看他画得是否认真而努力，努力了就该肯定。不能指责他们的作品幼稚可笑。嘲笑孩子幼稚的人，才是真正幼稚无知的人。

适当帮助。比如，孩子不知道苹果该怎样画了，家长可以拿苹果让他看看，并让他说说苹果的形状，再用手比画一下，他就可以试着画出来。家长也可以让孩子适当地看看"范画"。但是，大人要尽量少地先给孩子画出样子，也不要把范画当成公式，也不宜过早地教给他们成人画的规则。所谓适当帮助，是帮助他们大胆创造而不是相反。

明确目的。不要仅仅为培养画家才教孩子画画。如果把前面谈的孩子绘画中的童心特点归纳起来，就是丰富的想象和大胆的创造，而这绝非只有画家才需要。缺乏想象力和创造力，做什么都难以取得成就。再说，绘画能使大脑右半球得到充分发展。也就是说，孩子的绘画活动与其他锻炼左脑的活动一起配合，可以使大脑两半球的潜能都得到开发，孩子也就更聪明，童心发展得也就更完善。因此，教孩子画画，是以发展创造力和想象力、促进童心全面完善地发展为主要目的。至于怎样把"小画家"培养成真正的画家，则另当别论了。

孩子贪玩，你会如何应对？

我的女儿5岁多，现在在上学前班，暑假后就要上小学一年级了。可是，我看孩子贪玩的心太重，一玩起来，就生龙活虎的，就是不知道学习，成绩也不是很好。一叫她写作业她就烦，就没劲，不认真，不求好，遇到难题，就着急，甚至哭起来。您说我的孩子怎么啦？我该怎么办？

——宝妈的烦恼

听听专家怎么说 · 盼孩子成才别心急了

你的孩子根本没有什么问题，倒是妈妈的心态出了问题：盼孩子成才有点心急了。心理学告诉我们，孩子的智力发展是有个体差异的。这既包含发展水平上的差异，也包含发展早晚的差异。所谓发展早晚的差异，就是平常我们说的，有的人是"人才早熟"，也有的人是"大器晚成"。这好比人的个子一样，有的孩子长得早一些，有的孩子就长得晚一些。比如，达尔文的日记中曾这样写道："不仅教师，家长也都认为我是平庸的儿童，智力方面也比一般人低下，有时父亲说我将来一定给我们家丢脸。"像这样小时候被看成笨孩子，后来也成才的实例是很多的。有些孩子一两年之后就会看到变化。再说，你们孩子的情况也不一定就是智力发育晚。一个学前班的孩子，哪有那么多学习任务，哪有什么成绩好不好之分？

专家教你这样做 **贪玩是孩子的天性**

让小小孩童整天像"专家"似的，坐在那里读书学习，难道不是违反天性吗？难道不是更可悲的事吗？

说到这里，对策也就有了，那就是理解孩子。孩子根本没出什么问题，即使是智力发育得稍晚些，一样有望成才，需要的是家长把自己的心态放平和一些，别那么心急。再有，心太急就会对孩子没完没了地说扫兴的话，就会大大挫伤孩子的自信心和积极性，结果会让孩子真的一天比一天更差了，这叫作消极的"标签效应"。只有不再心急，才能看到孩子好的一面，才能给孩子积极的评价，这就是积极的"标签效应"了。

不管怎么说，家长一定别忘了：孩子到底是孩子，孩子应该有他们的童年。

如何应对孩子的"十万个为什么"？

"如今这孩子，真是跟我们过去不一样了。那么点个小人，刚上幼儿园，就不知哪来那么多的问题。你还别小瞧，时不时地还真把你给问住。"生活中，时常有些家长朋友这样诉苦。确实，我们也经常看到爸爸妈妈被孩子问住的实例。为此，大人孩子还会弄得不愉快。

宝贝："妈妈，天上的鸟为什么会飞？"

妈咪："鸟有翅膀。"

宝贝："鸟为什么有翅膀？"

妈咪："为什么？有翅膀就是有翅膀呗！"

宝贝："妈妈，汽车为什么会走？"

妈咪："汽车有轮子。"

宝贝："为什么有轮子？"

妈咪："你怎么这么多问题！不要问了！"

宝贝："为什么有那么多房子？"

妈咪："因为人多房子就多。"

宝贝："人为什么多？"

妈咪："计划生育过去搞得不好。"

宝贝："什么叫计划生育？"

妈妈终于语塞，伸手一巴掌："叫你不要问了你还要问！真可恨！"

——宝妈的烦恼

157

听听专家怎么说 / **问题越多的孩子越聪明**

孩子问题多，这是我们当家长的该高兴的事。有人说，越聪明的孩子问题越多，反过来也成立：问题越多的孩子越聪明。同理，知识越多的孩子问题越多，问题越多的孩子知识越多。你说这不该令人高兴吗？

孩子问题多，该问谁呢？当然，在孩子眼里，大人无所不知，他们也就无所不问。小孩子的眼里，最伟大的人就是父母。可是，爸爸妈妈的确不是"万事通"，有些即使懂的东西，也不一定能给孩子讲明白。于是，不少为人父母者，就有了开头那样"爸爸妈妈难当"的感慨。

专家教你这样做 / **有时候得拜孩子为师**

假如你被孩子问住了，该如何是好？

千万别敷衍了事或大泼冷水。在前面的案例中，那位家长对孩子的问题的态度就是，先敷衍搪塞，后大泼冷水。这样搪塞和打击孩子的发问不是办法，弄得家长自己也没面子。所以，千万得杜绝。

对孩子确实难于理解的要慎重处理。一天，海婴问鲁迅："人是从哪里来的？"涉及物种起源问题，不是几句话就可以跟几岁孩子讲清的。鲁迅告诉他："等你长大了，先生会教你的。"这样，有利于保护孩子求知的欲望，又免去了难堪局面。再如，"山是从哪里来的？""妈妈为什么没有胡子？"都属这种情况。家长可以把孩子的兴趣引向未来的书本，或转移一下他的兴趣。

有些问题答不上来就如实地告诉孩子。"这个问题我还真说不清，等妈妈看看书再告诉你。""唉，这个问题很有意思，爸爸也想知道。你明天去问问你们幼儿园老师试试看。"答应孩子以后告诉他的，一定要查查问问，而后告诉孩子。要引导孩子去问老师的，你得考虑问题的内容要适合。不管怎样，家长如实告诉孩子，自己也有不知道的问题，这有助于孩子正确认识自己和成人。何况还有家长随后的积极求知态度来影响孩子呢！爸爸、妈妈和孩子一起学点什么，孩子会更高兴。

我们还需要从深远的意义上来认识这个问题。就是说，被孩子问住了，不单是"怎么办"的问题，还有个"怎么看"的问题。前者是操作技术问题，后者是思想观念问题。

被孩子问住了，我们应该怎么看？

随着社会的发展，不仅文化传承的内容有了很大变化，而且文化传承的形式也有了变化。从文化传承的角度可以把自古至今的文化分为三种基本形式：前喻文化、并喻文化和后喻文化。前喻文化是指晚辈向长辈学习，并喻文化是指同辈之间的学习，而后喻文化则是指长辈反过来向晚辈学习。可见，新的文化传承模式的出现是势所必然。就是说，在今天这个时代，长辈向晚辈学习简直是天经地义的事了。随着孩子长大，许多事情我们还就得拜孩子为师呢。

一天，兰兰从幼儿园回来跟爸爸说，她学会了新本事，想来露一手。说着，孩子拿出一个苹果，又找来一把水果刀。她不是把苹果纵向一分两半，而是横向拦腰一分两截切下去。在爸爸刚喊出"不对，切错了"时，孩子已经把苹果切开了："你看，这怎么不对？"当孩子把切好的苹果横截面拿给爸爸看时，爸爸着实被未曾留意过的美丽的图案感动了……

如此看来，被孩子问住了，也就是再自然不过的一件事了，也就不算个问题了。

你的孩子是"天才"吗？

我的儿子璐璐是个特殊的男孩。璐璐出生后，我休了长假，还请了一个蛮有文化的保姆，我们专心致志地联手对孩子进行精心抚育，有空就给他放音乐，讲故事，读古诗。他爸爸每天回家最大的乐趣，就是把儿子抱在怀里，看看他又学会了什么。

璐璐小时候，家里书桌上有一本精美的台历。台历的每一页上面都画有山水画，写着一首古诗。那时候璐璐还不会说话呢，就很喜欢看这些画，总是抱着台历翻看。我见他如此感兴趣，就读上面的诗给他听。一天，我惊奇地发现，我读哪首诗，璐璐竟然能准确地翻到那首诗所在的那一页。过了几个月，璐璐会说话了，常常一边自己玩着，一边咿咿呀呀的。开始我们夫妻俩没在意，后来我终于听明白了，他竟然学着大人的语气背古诗呢！

3岁时，璐璐把古诗派上了"用场"。璐璐爱哭，爸爸不喜欢他哭闹，有次严厉地批评他："男孩子还哭鼻子，真没羞！"璐璐竟然回了一句："丈夫非无泪！"再大一点，他更加振振有辞了。平时有不高兴的时候，他会皱着小眉头，好似自言自语地说："嗐！谁又能摆脱人世间的悲哀！"有时，他会莫名其妙地玩着玩着说出"大漠沙如雪""千山鸟飞绝"。我有事要和他说话，他不想听的时候，就会用两个手指头把自己的耳朵堵得严严的，紧紧闭上眼睛，嘴里不停地大声嚷嚷着："8+1=9……"搞得我哭笑不得。

在幼儿园里，璐璐表现出强烈的表达欲望。每天上课，他总是积极举手回答问题。老师如果不叫他，他就干脆站起来，把手举得高高的，有时急得掉眼泪。开始老师还很喜欢他，后来急了，对我说："这孩子，越是举手要求发言，我越是不叫他，得好好地改改他的性子！"我知道老师这样做不妥，但又不知道怎么办好。

每天往返幼儿园的车上，璐璐见到店铺的招牌、大小的广告、街道的路标，就问我念什么，有时自己不认识的字也一样大声读出来。读成白字了，难免就会逗得其他乘客大笑。坐在他旁边的我开始有点难为情，时间长了，也就习惯了。璐璐却从来没觉得难堪，想说就说，毫无顾忌。他还特留心街道的路标，凡是他经过的地方，他都记得住。坐公共汽车之前，他总要把站牌看明白。

有一次，我带璐璐去新华书店，买了一张城市地图。他如获至宝，回家后把地图铺在地上看个没完。那以后，他就不断要求买中国地图、铁路图、游览图等，只要是地图，都喜欢。6岁时，璐璐已经是一个中国铁路通了。如果你要从他所在的城市上海搭火车去哪里，他会告诉你，坐多少次列车，经过什么铁路线，在哪里转车。你要问他中国有些什么铁路干线，他如数家珍，津津乐道，最后还不忘记告诉你正在建设的铁路有多少条，将要建设的有多少条，都在什么地方。

在我眼中，璐璐让人欢欣让人忧：对这样一个孩子，怎么教育才好？

——璐璐妈妈的烦恼

听听专家怎么说 发现并呵护孩子的"天赋"

看了璐璐的故事，也许有人想到了超常儿童的说法，认为璐璐是个超常儿童。这样的说法太笼统，不如说璐璐是个特殊儿童更准确。

心理学告诉我们，人的能力存在类型的不同。比如，在记忆方面，有的人眼睛看过的东西记得好、印象深，这叫视觉型；有的人则是耳朵听过的东西记得好、印象深，这叫听觉型。于是，人就形成了一些特殊能力，比如，音乐能力、绘画能力、社交能力等就属于特殊能力。电视节目上曾播过一个小孩可以通过听声音来判断别人拨打的电话号码是多少，这就是一种特殊能力。

璐璐就是个特殊的孩子。特殊在哪里呢？一个是有特殊的能力。他表现出了某些方面的特殊能力，首先是记忆力惊人，特别善于无意之间记住很多东西。同时，他对路线非常敏感，有超常的认知能力。一个是有特殊的性格。他表现欲极强，相当以自我为中心，做事旁若无人，不会顾及别人的感受。对这种特殊的孩子，没有点特殊的教育方法是对付不了他的。那么，应该怎样教育璐璐这样的特殊孩子呢？

专家教你这样做 教育"特殊儿童"先从这点开始

做好能力开发方面的工作。孩子记忆力惊人当然是好事情。能有意无意记住很多东西，这种本领是宝贵的教育资源。他的父母及时开发了这个资源，结果孩子已经认识两千多个汉字，而且是像玩一样认识的，没有造成孩子厌学，这是很成功的早期教育经验。不过要注意的是，如果孩子没有如此优越的记忆力，就不能采用这样的教育方法。教育要因人而异，如果孩子识字很慢很难，家长也不必焦虑。特殊儿童自有令人羡慕的长处，也必有让人头痛的麻烦，这就是大自然的公平，它不可能把风光让一个孩子占尽。

孩子有特殊能力也不错。比如璐璐精通"路线图"，这说明他的思维方式可能与众不同，某种程度上预示了他未来的发展方向甚至职业倾向。如果家长能帮助他找到适合这种思维方式的学习方法，那么，孩子可能取得骄人的成绩。但是，如果不能正确引导，则他可能偏科，厌学，甚至与教师作对。这是需要家长特别注意预防的。所以对孩子的特殊能力既要注意开发，又要注意引导孩子拓宽能力范围。

做好性格塑造方面的工作。有特殊能力的孩子，往往有特殊性格。璐璐的表现欲过强，过于以自我为中心，就是比较特殊的性格。成人就需要注意引导和调整。就说璐璐吧，一个班那么多小朋友，怎么可能把发言的机会都给一个人呢？所以，老师限制璐璐的发言次数是有道理的，只是老师那番话明显有点简单生硬了。老师可以这样对璐璐说："你是个聪明孩子，你应该等着答那些别人答不出的问题。那才叫本事呢。你说是不是啊？"这样，既可以保护孩子的积极性，又给别人腾出了发言机会。当然，对璐璐这样的性格，家长更应该多多做好工作，既要与老师做良好的沟通，又要给孩子讲清道理，促使他慢慢改变以自我为中心的毛病，学会凡事多替别人想想。

家长一定不要忘了，孩子有某方面的特殊能力，往往会有某些特殊性格。所以，家长不要光为孩子能力特殊而高兴，一定要能力与性格兼顾，注意孩子良好性格的塑造。这样才更有利于孩子的发展。

艺术班，到底上还是不上？

　　暑假里，一个小学约我去做儿童心理与家庭教育的讲座。正赶上一个电子琴训练班借这个学校的教室开课，教室里面大多都是上幼儿园的孩子，还有一些家长陪同。于是，一位孩子妈妈就跟我讨论："马老师，您对这音乐班之类的辅导班怎么看？孩子们学过了是不是会成为艺术家？"

——家长的烦恼

听听专家怎么说　不是花钱就可以买个艺术家

　　眼下，的确有不少音乐班、美术班之类，一到寒暑假就如雨后春笋四处冒。于是，就有不少家长不惜花本给孩子买小提琴、手风琴、电子琴、钢琴等乐器，不惜花大把的学费把孩子送进音乐班、美术班。为的是什么？很多家长为的是让孩子成为或大或小的艺术家，吃口"艺术饭"。

　　结果呢？大多数的孩子不能变成艺术圈的行家，有的还越练越烦，倒了胃口。大多孩子是混不上一口"艺术饭"吃了，更别说成为艺术家了。

　　于是，就有家长朋友抱怨，怨孩子，怨办班教师，怨……

　　"钱也花了，班也进了，您说孩子成不了艺术家，吃不上'艺术饭'，怎么办？"就有家长朋友曾经这样问我。

　　"吃不上'艺术饭'，就让孩子端别的饭碗。艺术家本来就不是好当的。"

我这话确实不算妙主意。但事情就是这么个理儿。

一个孩子能不能走上艺术之路，需要具备主观和客观的许多因素。首先，人的能力有类型差异，如有的孩子眼睛看过的东西记得牢、印象深，这叫"视觉型"；有的孩子则是耳朵听过的东西记得牢、印象深，这叫"听觉型"。前者就便于形成绘画能力，后者就便于形成音乐能力。再有，人脑的左半球是抽象思维的世界，右半球是形象思维的世界。一个人的左右两半球发展不一定均衡，右半球发展较好的人，更有利于成为绘画、音乐方面的艺术人才。如果不管孩子是否具备这些特点，不问孩子是否感兴趣，以为花钱就可以买个艺术家，那是不科学的态度。

专家教你这样做　学艺术有利于大脑全面开发

孩子学点美术、音乐，无论怎样都不是坏事。一来孩子还没完全定型，有些心理潜能还有待挖掘；二来就大脑来说，也需要左右半球全面开发，学点艺术一类的东西，可以刺激大脑右半球的发展，总体上提高孩子的聪明程度；三来对于孩子的全面发展也大有好处，音乐、美术的学习训练，是美育的很好途径，可以逐步让孩子学会感受美，鉴赏美，理解美。

所以，如果条件合适，还是可以送孩子进音乐班、美术班去练练的。只是别太功利主义了——不是想让孩子当个"艺术家"，就是想让孩子吃口"艺术饭"。扔掉点功利主义，孩子们也许更容易成为艺术家呢，至少积极作用会多一些。

第四章

在与人的交往中认识世界
——幼儿的人际心理发展

宝宝的眼神你读懂了吗?

孩子变内向了怎么办?

孩子为什么胆小?

孩子整天光知道玩儿怎么办?

孩子为什么喜欢模仿"坏人"?

如何应对"人来疯"的孩子?

如何教孩子交际礼仪?

孩子挨欺负吃亏了怎么办?

孩子有嫉妒心怎么办?

孩子被同伴打了怎么办?

······

如果孩子出现了这些问题,家长该怎么办?

你听懂孩子的哭声了吗？

我的宝宝两个多月了，可让人喜欢了。可是，宝宝的哭声让我很是忧心和紧张。孩子满月后，姥姥和奶奶都回去了，剩下我自己。我不知道宝宝为什么哭，一听到哭声就紧张，就心里没底。孩子为什么生下来就会哭？两三个月大的宝宝都因为什么哭？

——宝妈的烦恼

听听专家怎么说 **啼哭是小宝贝最独特的语言**

孩子离开母体来到这个世界的瞬间，以一声清脆的啼哭，宣告了自己的诞生。伴随这声啼哭，经历了十月怀胎的母亲露出了幸福的微笑；伴随这声啼哭，孩子瘪缩的肺叶顿时展开，开始了有节律的呼吸运动；伴随这声啼哭，孩子迈开了人生独立生存的第一步。

此后，孩子除了每天睡16~18个小时，还有大约1个小时是啼哭的时间。啼哭，是小宝贝独特的语言，孩子用啼哭来表达自己的情绪和感受，和妈妈进行"交流"；啼哭，是孩子独特的运动，孩子用啼哭来增加肺活量，促进血液循环，促进自己的生长发育；啼哭，还是孩子闹病的信号，孩子用啼哭来告诉妈妈，他这里或那里不舒服。对孩子的啼哭，既不能假装听不着，也不能一哭就抱。年轻的妈妈爸爸，最重要的是学会听懂宝宝的啼哭。

专家教你这样做 **只要用心就能听懂**

躯体因素引起的啼哭。平坦而断断续续的哭声，有时伴有小嘴嗫嗫欲食或有寻找奶头的动作，常常是告诉你：妈妈，我饿了；情绪烦躁，显得有些不耐烦的哭声，是告诉你：妈妈，我尿了！我拉了；爆发性高而尖的哭声，往往是说：妈妈，我痛呀。这种疼痛的哭声常因突发的打击、针刺或烧灼等外部强刺激引起。营养不良的小儿常烦躁好哭，但哭声无力，缺乏正常的生气和音色。

心理因素引起的啼哭。宝宝试探式地啼哭，时断时续，时高时低，常为干嚎无泪，多是撒娇，想让妈妈抱。这时，你可不要他一哭就抱，因为孩子的任性可能就是由此开始的。宝宝有节律的安详而洪亮的哭声，面色红润，精神饱满，常表示孩子感觉良好，正在锻炼身体。此时确实没有啼哭的异常情况发生，可以放心让孩子享受啼哭。有些孩子爱大声哭闹，也有个性上的原因。人的气质类型就是先天遗传的。孩子如果胆汁质或多血质的性格特征较明显，就比较爱大声哭闹。

疾病因素引起的啼哭。宝宝哭声短促，单声而低调，伴有咳嗽或呼吸时哮鸣音、鼻翼翕动、发热等，常为支气管炎或肺炎所致。宝宝吃奶吮吸乳头时，突然把乳头吐出并放声大哭，这样的情况需注意检查口腔是否有炎症或鹅口疮等。宝宝有平坦而持续的哭声或因烦躁而经常哭闹，则可能是由身体某些部位的炎症引起的疼痛或不适所致。比如，6个月前的孩子，卧床时间较长，泪水、溢奶或小虫进入耳道而引起炎症。此时孩子除持续性啼哭外，患耳会拒绝被抚摸，或摇头抓耳后哭声更高。检查耳部可见耳内红肿和潮湿。宝宝阵发性剧烈的哭声，常常是各种肠道急性感染或消化不良引发肠子痉挛的外部表现，如伴有缺水时则哭声无力或嘶哑。宝宝夜间啼哭，睡眠不宁，白天一切正常，又称"夜啼"，可能是因宝宝白天睡眠无规律，或衣被过厚，或鼻子堵塞引起，稍大的孩子可能是白天嬉戏过度或受惊吓所致。佝偻病或蛲虫感染也是宝宝夜间哭闹的常见原因。佝偻病儿常伴多汗、易惊、烦躁、头颅呈方形、囟门闭合延慢等症状。蛲虫感染时，因虫子通常在夜间孩子入睡后爬至肛门周围产卵，孩子因肛门瘙痒难忍而哭闹，如在此时马上察看，可见肛门周围有白色绒状小虫。宝宝声调高而尖，发声急，哭声骤起骤止，往往是由颅内出血或脑水肿引起的所谓"脑性尖叫"。婴儿期因骨缝未闭，颅内压力增高的体征往往不明显，这种尖叫声是中枢神经系统疾病的警号，如有头部碰撞史或发热伴囟门隆起，应及时找医生进一步检查。特别要注意的是，新生儿患重病时也常有不哭不闹的表现，这个时候，其实是孩子连哭喊的气力也没有了，比起"大哭大闹"可能更严重，父母一定要当心。

总之，啼哭是宝宝独特的语言，只要用心就能听懂。

眼神是孩子内心的一面镜子

　　我的女儿今年两岁多了。虽然孩子可以说话了，但是有些话还是说不好，有时候让我们弄不懂孩子的心思，孩子大人都不高兴。有人说，眼睛是心灵的窗户。请问小孩子也是这样吗？我们也发现孩子的眼神有所变化，可是不知道孩子的各种眼神都是什么意思。您可以给我们做点具体分析吗？

——宝妈的烦恼

听听专家怎么说　**别忽略孩子的眼神**

　　敏锐的观察力，是作为父母的人应有的能力之一。这种观察是为了了解孩子，为了能够走进孩子的内心。只有走进孩子的心灵世界，才能帮孩子的心灵健康成长。

　　那么，父母怎样了解孩子的内心世界？我们讲亲子沟通，当然少不了语言沟通。可是，心理学告诉我们，非语言沟通有时比语言沟通更有效，何况幼儿语言表达能力还有限。目光接触就是首要的非语言沟通渠道。然而，有时候，有些家长光顾着忙自己手上的话，一边忙一边跟孩子唠叨，至于孩子的眼神在"说什么"，却顾不上了。结果话说了一大堆，却很少说进孩子心里。作为家长，我们真的应该学会读懂孩子的眼神在"诉说"什么。

　　眼睛是心灵的窗户，孩子的眼神是孩子内心世界的一面透明的镜子。透过

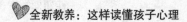
孩子的眼神，我们可以看到孩子内心世界的变化，并采取有效的教育措施。

专家教你这样做　不同的心态有着不同的眼神

有不同的心态，就有不同的眼神。我们应该读懂孩子不同情况下的眼神，有针对性地采取不同的应对措施。

目光迟疑，视而不见。这多是孩子有难言之处在心里，有不愉快之事在身上的表现。面对这种眼神，家长应亲切劝慰，热情开导，让孩子说出自己的心事，积极帮孩子正确认识和妥善解决遇到的"难题"。

闪烁有神，眉飞色舞。这多是孩子心情愉快、称心如意的表现。这时，家长一面与孩子共享欢乐时光，热情夸奖孩子的成绩，一面要告诫孩子不要骄傲，引导孩子争取新的进步。

眼神无光，昏昏欲睡。这多是孩子对眼前事物毫无兴趣或十分疲倦的表现。这时家长要根据实际情况，转换孩子的活动内容，或者改换方式，进一步激发孩子的兴趣。另外，也要考虑孩子是否需要休息。

眼中闪光，目不旁顾。这多是孩子对眼前事物感到新鲜而兴趣浓厚的表现。这时，家长最好深入引导孩子观察欣赏，并帮他有条理地思考，促进他的认识和兴趣。

两眼凝视，目不转睛。这多是孩子精力集中、全神贯注地深入探索事物奥秘的表现。这时，家长要及时引导，使孩子进一步深入认识事物，获得更好的探索效果。

注视父母，察言观色。这多是孩子乞求父母表态的表现。这时，家长应针对孩子的疑难或请求，明确而妥当地表明自己的意见，尽量满足孩子的合理要求，对不合理要求学会拒绝。

低眉顺眼，不敢正视。这多是孩子正在进行自我反省或心中有愧的表现。

这时，家长要给予理解、关怀和鼓励，不必再严厉地斥责，以促使孩子改正过错，重树自信。

紧盯某物，目不旁移。这多是孩子对该物产生爱慕、喜欢或新奇感的表现。这时，家长应根据实际情况，或给予适当满足，或为其答疑解惑。

怒目而视，不躲不闪。这多是孩子心中对某件事极度不服进行反抗的表现。这时，家长要平心静气又严肃认真地讲清是非曲直，促使孩子辨清是非、心悦诚服，不要简单地命令或压制。

孩子为什么变内向了？

　　凯路是个小男孩，爱说爱笑，活泼好动。这一天，爷爷奶奶带着孙子凯路散步，见到一个小女孩，爷爷说："瞧这小姑娘，多听话呀，一点都不闹。"奶奶接着半真半假地对孙子说："你要是有她一半乖，就好啦！"

　　有一天，凯路来到幼儿园。老师在写板书，小朋友们都在认真地听课，突然凯路站起来说："老师，那儿错了。"老师很不高兴地说："嚷什么？给我坐下！"

　　一个周末，家里来客人了。爸爸正和客人说话，凯路兴冲冲地把在幼儿园的画拿给爸爸看，爸爸很不耐烦地摆摆手："去去去，大人说话呢，别添乱！"

　　一次，两次，类似的情形让凯路不知道遭遇了多少次。

　　后来，凯路的家长发现，孩子变得内向了，不爱说话了。他们想到了内向性格不好，不知道该如何是好了。

——凯路爸妈的烦恼

听听专家怎么说　孩子的性格是"培养"出来的

　　首先得肯定地说，心理学把性格分成内向和外向，这仅仅是说性格有两种心理倾向，两种性格本身并没有优劣之分。性格有先天遗传的因素，但是，后天环境是影响性格形成非常重要的因素。凯路的故事告诉我们，孩子的性格常常是大人有意无意"培养"出来的。凯路之所以变得内向了，就是因为大人压抑外向的行为反应，孩子就学会了按照大人的喜好去做，因为这样能博得大人的喜爱。久而久之，孩子就不再表达自己，渐渐朝着内向性格发展了。可见，家庭教育是孩子性格形成的最初的基石。

虽然整体上说，两种性格没有优劣之分，但是，具体说来却各自都有不利一面。就内向的孩子说，他们不大善于表达自己的内心感受，所以不容易引起别人的注意。比如，幼儿园儿歌朗诵比赛，外向的孩子会主动要求参加，内向的孩子却很少主动去争取。当遇到困难的时候，他们往往得不到别人的帮助，只好将所有的烦恼、忧愁、痛苦压抑在心。所以，家长也应对内向的孩子给予适当引导。

专家教你这样做 **鼓励孩子多交朋友**

那么，家长该怎样帮助内向的孩子呢？

培养参与意识。家里有客人来了，不妨让孩子学着去接待客人，比如帮客人拿拖鞋，端茶倒水，还可以让孩子在客人面前唱个歌，让孩子感受到与人交流的乐趣。家长出去串门时，尽可能把孩子带上，可以让他有机会接触各种各样的人，从中学习人际交往。

创造交往机会。可以先把伙伴请到家里来玩，慢慢再让孩子和伙伴一起出去玩。刚开始时，最好先把性格比较内向的伙伴请到家里来。等孩子和内向的伙伴玩熟了，再让其扩大交往范围，过渡到和外向的孩子一起玩。因为内向的孩子和外向的孩子在一起时，容易产生自卑感，经常会冷冷地在一旁观看，不积极参加游戏。

进行交往指导。在孩子交往的过程中，多给孩子提供交往知识，创造交往条件。比如，利用孩子的生日邀请朋友聚会，让孩子在众人面前表演拿手节目。

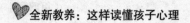

当然，需要事先给孩子做一些指导。

培养自理能力。多安排孩子干力所能及的事情，比如去邻居家借东西。家长应相信孩子的能力，遇到问题要尽量让他独立解决，同时鼓励他说出自己的困惑，以便获得帮助。

维护孩子自尊。不要指责孩子"太老实""没出息"，或当着外人面说孩子"不大方""见不得人"，等等。这种责备会加重孩子的心理负担，反而使他更加内向。应该注意维护孩子的自尊，多肯定孩子积极的一面，以增其强自信。

别否定孩子的胆小

我的孩子特别胆小。孩子都4岁了，每次家里来了客人，不管我们怎么教他，他就是不敢和人家说话。我也经常这样数落他：一个男孩子，怎么这么胆小？真是个胆小的孩子！可是，我们发现，越是这样批评他，他越是胆小了。您说，这种情况是怎么回事，我们应该怎么办？

——宝妈的烦恼

听听专家怎么说 **讲究评价孩子的艺术**

孩子的问题，责任在大人身上。也许，孩子起初只是一次偶然的胆小，可是，大人很会抓住孩子不好的表现不放，反复强调"胆小，胆小"。孩子不知道自己到底是怎样一个人，听到父母总是这样说自己，也就认为自己是一个胆小的人了。可以说，孩子的问题是父母没完没了说出来的。因为孩子到底还小，很难正确认识、评价自己。他们对自己的看法，主要是从父母及周围人那里不止一次地听来的。而孩子将来成为怎样一个人，很大程度上就取决于大人经常的评价。

专家教你这样做 **给孩子练习胆量的机会**

面对这种情况，家长应该怎么办？

家长需要讲究评价孩子的艺术。如果孩子确实表现出了胆小，可以慎重地指出来，并积极引导，但切忌当孩子面翻来覆去地强调这一点。不然，只要当孩子的面就跟别人说"这孩子真胆小，天一黑就不敢出门"，就足以使孩子成为一个胆小的人。对孩子偶尔表现的胆小，可以视而不见，忽略不计，而去关注并赞扬他的优点。回到这个案例上来，家长需要做的就是从现在开始，从你们的嘴里，从你们的词典里，把"孩子胆小"这句话彻底删除，去关注孩子勇敢的表现，并给予及时的鼓励。

家长要给孩子练习胆量的机会。孩子的所谓胆小，主要是不敢与人交往，所以应该增进孩子的人际交往，练习胆量。比如，把孩子的同伴请到家里来和孩子玩，或者，把孩子放出去和同伴玩；比如，经常带孩子外出活动，走亲访友或者参观游玩，等等。一点一点地来，孩子慢慢地就敢和人交往了。

孩子爱玩游戏不是错

　　我的孩子快6岁了，马上就该上学了，可还是整天光知道玩儿。我想让他早一点开始读书写字。可是，孩子就是对学习不感兴趣，就是不喜欢书本。我看一些读物上说，游戏对学前儿童有着特殊的意义。您说，孩子为什么这么喜欢游戏？游戏对孩子有什么意义？我们该怎样指导孩子游戏？

——宝妈的烦恼

听听专家怎么说　游戏是孩子的天职

　　这个问题真的很重要。可以这样说，游戏是孩子的天职，玩是孩子的天性。

　　孩子为什么喜欢游戏呢？因为游戏合乎童心特点。一是使他们感到有趣、愉快。二是能满足他们模仿的欲望。如孩子羡慕司机叔叔开大汽车，自己搬个小椅子一骑，拿个东西当方向盘，就当上了司机。现实中做不成的事，在游戏里这么一假装就办成了。三是能适应他们的想象和心愿。在游戏中他们是主人，可以自由地想象，而且游戏总有个满意的结局，打仗必然胜利，医生总是治好了病人的病，探险者总是马到成功。

　　游戏对孩子成长的意义在于促进童心的发展。一来游戏是孩子认识周围事物的途径，可增进知识，启迪智慧；二来游戏有利于培养孩子良好的品德，促进个性发展；三来游戏也有利于孩子身体的生长发育和健康。比如，玩开汽车，孩子要通过想象来创造发明，就会找到替代物，如拿椅子当汽车。他还要回忆起有关开汽车的印象，经过思考，汽车才开起来。在开汽车的一系列活动中，孩子又进一步体会到动作、声音与汽车开动的关系，这就发展了智力，增长了知识。同时，开汽车还要照顾乘客，请乘客坐好，报站名，请乘客互相关照，有时还要修汽车，这又促进了良好个性品质的形成。至于游戏对身体发育和健康的作用，就不言而喻了。

然而，对孩子的游戏，许多父母却不屑一顾，甚至有偏见。如果孩子真的被限制得不再知道玩，真不晓得他们怎样一天天地健康成长，对他们身心发展有多么不利。

专家教你这样做 当孩子的玩伴也是父母的职责

既然游戏对孩子这么重要，那么，应该怎样让孩子玩得更好呢？

让孩子当游戏的主人。让孩子自己玩，不要因怕弄坏玩具，就只让孩子在一边当观众。让孩子玩自己想玩的游戏，不要一切由着大人，也不要轻易打乱孩子游戏的构思。

培养孩子好的游戏习惯。孩子自己玩游戏的时候，尽量不打扰别人，玩游戏要有常性。这就需要家长的即时引导了。

大人要当孩子游戏的伙伴。对幼小的孩子更要注意这点。不要总是因为工作忙而忽略陪孩子玩。别忘了，做孩子的玩伴，也是父母的职责所在。那些从不跟孩子一起游戏的父母，不是称职的父母。

多鼓励孩子跟伙伴一起玩。孩子稍大一点了，家长就该引导孩子学会和伙伴在一起玩了，要引导孩子和伙伴一起分享自己的玩具，一起玩需要合作的游戏。

不要突然命令孩子停止游戏。突然命令停止游戏，无异于剥夺孩子的正当权利。可以先打招呼，告诉孩子马上要结束游戏了，这既是对孩子的尊重，又可以使他养成有始有终的习惯。

考虑孩子的年龄特点。孩子的游戏种类繁多，不计其数。按年龄发展说，从出生到三个月属"成人对婴儿游戏"，就是大人逗着孩子玩；四个月到1岁半属"实物游戏"，如孩子见东西就抓就啃的，不管什么拿起来就"叮当"敲打；直到六七岁属"假装游戏"，如角色游戏。即使孩子上学了，游戏也是孩子们重要的生活。

好玩具不一定是花钱买的

一个星期天的下午，我坐在窗前拿起笔，照例想写点东西。一抬头，窗外我那3岁的小女儿"忙碌"的身影，强烈地吸引了我。

只见小家伙从院子的一角搬来一些潮湿的土块，又找来两块木板，大的一块垫在底下，小的一块拿在手中。原来是木板为"刀俎"，土块为"鱼肉"，小家伙鼓鼓捣捣地竟是在切菜造厨呢。有意思！鼓鼓捣捣之中，只听她口中还自言自语："这是菜，放这儿。这是米饭，放这儿。这是……别急，啊，一会儿就吃饭啦。多好啊……"过一会儿，果然小碗、小杯、小瓶中都装满了各式各样的土块土渣。小家伙嘴里又念念有词："饭熟了，饭熟了。这是你的，这是你的……吃吧，吃吧，多香啊……"

我的童心又复活了。我不仅被孩子烹制的"美味佳肴"勾起了几分食欲，而且被孩子并不亚于厨师造厨的那种劲头、毫不马虎的态度、自豪幸福的神情所强烈地感染。原本想好了要写的稿子，早已从脑子里跑到了九霄云外，倒从心头生出一点新念头：原来为人父母者，往往以"大人"之心度"小人"之腹，而不善于以孩子的眼光看世界啊！

——**宝爸的感悟**

听听专家怎么说 **孩子玩起来愿意唱"主角"**

就说这玩具吧。有多少家长一提玩具光想到买？然而，这只是"大人之心"。在孩子眼里，一切东西都可以拿来玩，都是玩具，他们才不管它是不是买来的。

孩子的玩具五花八门，有天然的，有自制的，最后才是购买的。尽管随着人们生活水平的提高和玩具制造业的发展，今天许多孩子手上都有几件买来的玩具，但仔细一看就会发现，天然的和自制的玩具，始终是孩子们玩具"大军"中的"主力"。

这是为什么？道理很简单：那些买来的玩具，常常让孩子们在游戏中当"配角"，而那些天然的或自制的玩具，才可以让孩子们在游戏中唱"主角"。玩起来谁不愿意唱"主角"？就说这泥沙之类的天然玩具，可以让孩子在游戏中自由想象，大胆创造：或弄炊造厨，或开沟挖渠，或堆塔建楼，或作图绘画，或捏物塑人……真是奇妙无穷，其乐无穷！潜移默化中，游戏开发了孩子的智慧，培养了孩子的性格，促进了孩子长大成人。多好！

专家教你这样做 **在生活中发现好玩具**

看来，为了孩子们的健康成长，当父母的该多几分孩子的眼光。同样，给孩子选择玩具，也该多几分孩子的眼光。其中最重要的一条就是，好玩具不一定是花钱买的，在孩子眼里什么东西都可能是好玩具。家长应该善于帮助孩子在生活中发现好玩具。

此外，关于孩子的玩具，家长还需要注意几点：

玩具必须是有趣好玩的。给孩子的玩具应该是孩子喜欢的，这就需要考虑年龄特征、性别特点，等等。

玩具必须是安全卫生的。给孩子的玩具不能存在安全和卫生隐患。

玩具必须是有助发展的。孩子在玩玩具的过程当中，可以锻炼技巧和技能，可以发展智力和非智力。

控制好玩具的数量和品种。玩具太多，孩子什么都想玩，但玩什么都不专注。

不要将玩具作为成人偷懒的工具。家长要和孩子一起玩玩具，并给孩子设置一些问题，挖掘玩具的潜在功能。

教育孩子爱护玩具。引导孩子玩完了收拾玩具，这是非常重要的好习惯。

孩子为什么喜欢模仿"坏人"?

我的儿子今年6岁,有一个问题让我们担心。他看了电视剧,特别喜欢模仿电视剧中的"坏人",平时也常常学反面角色说话的样子。我不让他这样,也不管用。我看孩子们好像都这样,孩子和小伙伴做游戏,几个人都争着当反面角色。孩子为什么喜欢模仿反面角色?

——宝妈的烦恼

听听专家怎么说 / 孩子喜欢关注新奇的东西

角色游戏中,有时候孩子喜欢当"英雄",当"正面角色",有时候就喜欢当"反面角色",对影视中反面角色的语言动作模仿得十分逼真,这确实有点普遍性。对于孩子喜欢当"反面角色"的现象,家长应有正确认识,加以正确引导。

首先我们要弄清楚,孩子为什么对"反面角色"感兴趣?从儿童心理角度说,大概有以下几个原因:

孩子的知识经验少,分辨是非的能力差。当听到或看到电视剧中的反面人物的怪模样时,他们不理解那些脏话及怪样的意思,只是觉得好玩,便模仿起来。

孩子自我抑制能力较差,淘气行为较多,常常是受到的批评多于表扬。这就使他们的自尊心受到伤害,觉得大人都讨厌自己,因而就将错就错,以反面角色为榜样，跟大人闹对立。

孩子喜欢关注新奇的东西。孩子们平时多见的是正常形象，对影视中这方面的形象就习以为常，而影视中的反面角色倒是少见的。于是，哪怕一句与众不同的话或一个新奇动作，都可以成为强烈的新异的刺激物，引起孩子关注。孩子们就会像拿照相机照相一样，把"反面角色"的言行深深地印在脑海中。

成人过于敏感的态度，也是孩子模仿反面角色的强化剂。当孩子无意间模仿反面角色的言行时，成人要么大惊小怪，要么觉得有趣哈哈大笑，这对孩子的行为有一种强化作用，会让孩子本来的无意的行为变为故意的了。这时的制止不仅不会有效，甚至还会让孩子把模仿反面角色作为引起成人注意的手段。

专家教你这样做 **防止反面角色的消极影响**

由此看来，喜欢模仿反面角色是孩子的心理特点，一般说来不用担心，特别是不必大惊小怪，随着孩子的年龄的增长慢慢会淡化。如果说需要注意的，就是抓住有特色的正面角色的言行，引导孩子模仿。

但是，如果一个孩子经常反复地模仿反面角色，潜移默化中也难免受到消极影响，妨碍孩子良好品德的形成。所以，家长对此应予重视。

家长该怎么办呢？

我们既不能下令取消文艺作品中的反面角色，也不能制止孩子在角色游戏中扮演反面角色。我们只能采取措施，来防止反面角色的消极影响。

比如，事先了解文艺作品中的反面角色，就可以给孩子"打预防针"，以"先入为主"的方法，来指导孩子观看电影、电视剧等；如果事先不了解剧中的反面人物，可以在观看过程中或结束后进行评论性谈话，达到"消毒"作用。可以跟孩子谈谈谁是好人，谁是坏人，怎么对，怎么不对，坏人多可恨，好人多可爱，等等。在游戏中，可以引导孩子们轮流当"反面角色"，使他们有机会从正面角色中得到良好的情绪体验，以削弱或抵消"反面角色"的消极影响。

换一种视角看待孩子的"人来疯"

今天有人到家里做客。客人来之前，宝宝一直乖乖地坐在小板凳上看书。我在旁边准备招待客人的东西，糖果和瓜子什么的。门铃响了，客人来了，我把客人请到沙发上坐下，大家开始亲亲热热地摆起龙门阵。宝宝也没闲着，他把书一丢，就开始围着我和客人转圈，还做出许多怪怪的模样，然后就围着屋子疯跑。我呵斥了宝宝几声，可是，宝宝还是不肯停下来像刚才那样好好看书。

孩子为什么如此"人来疯"？家长应该怎么办？

——宝妈的烦恼

听听专家怎么说 孩子想让成人注意他

许多家长都觉得自己的孩子有些"人来疯"，平日里孩子乖巧听话，一旦家里来了客人或到了公共场合，就变得异常亢奋，像匹脱了缰的小野马，突然大吵大闹、撒娇耍泼起来，而且父母还很难制止。

那孩子为什么会"人来疯"呢？

孩子想让成人注意他。当家里有客人来时，父母出于礼貌需要，自然会把客人放在第一位。当大人们在一起谈话，或是忙着准备饭菜时，孩子就会觉得自己被冷落了。"我一向是家里的小主人，这一次你们竟然不理我啦！"所以，他只好做出一些怪异的举动，在大人谈话时不停插话，好让大人注意到

187

他，同时也是为了让大人明白，大人不搭理他，他是无法忍受的。

孩子在趁机"要挟"父母。有的孩子是个小机灵鬼，他知道当家里有客人时，爸爸妈妈很可能会满足他一些小小的无理要求。比如，你平常很少给他买一种好吃的东西，他在客人来时会大吵大叫要你买。因为他知道，当着朋友的面，你会对他让步的。再如，平时你限制他看动画片，但客人在时，他蹦跳着打开电视，你也不好意思说什么。

孩子抗议习惯的生活被打破。有的孩子在家的时候，不是爷爷陪他玩积木，就是妈妈跟他一起看动画片。不过某一天过节，家里来了许多人，爷爷奶奶爸爸妈妈都投入了"接待工作"。于是，孩子在边上大声宣布：动画片要开始了！孩子生气了，跺脚吵闹，因为他习惯的生活被打破了，他用这种方式表示抗议。

成人的认同助长了孩子的"人来疯"。孩子对大人的认同反应非常敏感。他们会随时注意妈妈和周围人的眼神和表情，看看自己的行为是不是能够得到赞同或者关注。如果成人认同"人来疯"，或者虽然不认同却给予了关注，比如孩子"人来疯"，家长和客人都觉得很好笑，孩子就会误解为是对他行为的认同。这都会助长孩子的"人来疯"。

专家教你这样做 ╱ **建立规则很重要**

————————————

针对上面的原因，父母可以采取如下对应策略：

父母可以提前和孩子一起制定规则。孩子可以和父母一起招待客人，但却不能乱跑乱喊。客人来之前，可以先向孩子介绍一下来人是谁，让孩子想一想：待会儿你要请他们到哪里坐？客人来了以后，给孩子一些表现的机会。可以让孩子帮着端一些糖果点心，让孩子在客人面前唱首儿歌、背诵古诗等。但事先得先和孩子沟通好，表演完了就得去自己玩。这样他就不会感到被冷落了。孩子刚开始可能还会违反规则，但是只要坚持下去，情况就会好很多。

父母把握好适当让步与坚持原则的分寸。每个人都会打自己的小算盘。如果这一天对他让步，能让他感到快乐，同时你也获得安静，为什么不答应他呢？只不过要告诉他：我只会答应这一次！但是，坚决不能答应孩子的不合理要求。有些孩子会在客人来访时提出一些不合理要求，这时父母应明确地对孩子说不。孩子闹了一两次后就会觉得无趣，自然就会走开。此外，还可以搞个事先约定。当你知道孩子可能会要挟你时，提前告诉他：如果今天你表现得很好，我们就可以做一件你想做的事情。这样，效果会更好！

讲清道理，让孩子明白要先招待客人。可以告诉孩子：妈妈不能总是陪你一个人啊，妈妈还要招待客人呢！不招待客人，人家该说没礼貌啦！但这类讲道理的话不宜说得太多，因为孩子还理解不好，他只会觉得你们不按照以往的习惯陪他了。可以不妨试着和他商量，让他单独玩。在他玩的时候，别去打扰他，也别问他"玩得高兴吗""要吃香蕉吗"。即使他只能单独呆几分钟，也要表扬他。

淡化对孩子"人来疯"的关注。"人来疯"不等于待人热情，父母当然不该认同孩子的"人来疯"。不过，父母需要注意的是，不要因为无意的关注而强化孩子的行为。所以，父母还要做好全家人的工作，在孩子"人来疯"的时候，所有家人都不给孩子关注，装作没看见，同时引导或暗示客人也不去关注孩子。这样也有助于淡化孩子的"人来疯"。

如何教孩子交际礼仪？

在公交车上，乘客还不太多。只见两个孩子跑来跑去，一下子撞到人，一下子抱着柱子跳"钢管舞"，孩子不知道说"对不起"，两个妈妈怎么喊都没用。被撞到几次的乘客很是不耐烦，小声嘀咕："怎么会有这么讨人厌的孩子？家长怎么教的？"

喜宴桌上，新郎新娘过来敬酒。一个5岁的男孩竟脱口而出："妈妈，新娘好丑。"当下，新娘的脸沉下来了。本来喜气洋洋的气氛，孩子的一句话让所有人都很尴尬，当然，更尴尬的是孩子的妈妈。

这样的生活镜头，你是否似曾相识？

——家长的烦恼

听听专家怎么说 **交际礼仪反映心理素养**

类似的情形，往往会造成家长的困扰，让家长感到难堪。因为孩子是父母的影子，孩子的言行举止反映着父母对孩子的教育。所谓"没有家教"，往往说的就是孩子交际礼仪中的言行不妥。通常，交际礼仪中的言谈举止，更容易反映一个孩子的心理素养，关系到孩子未来的人际关系，甚至关系到孩子未来的发展。这一切，基本是后天形成的，是在家庭教育中养成的，所以，父母确实应该担起自己的责任。

那么，如何杜绝这类情况的发生，家长又能做些什么呢？为了更有针对性，我们就根据孩子交际生活的具体情形，来谈谈各种不同情形下的交际礼仪的指导。

专家教你这样做 先给孩子做出个榜样来

孩子见人不知问候。首先，家长在与客人见面前，一定要先告诉孩子待会儿会见到什么人，要如何称呼，以及该说什么，让他有心理准备，甚至可先练习一下。见了面，要给孩子留时间，而不是大人忙着说话。如果突然间，大人发现孩子还没和对方打招呼，就急着催孩子，结果越催越糟。家长应该做的是，鼓励他把先前练习过的说出来。如果孩子真是害羞，一时怯场，让他点点头，笑一下也可以。事后，要极力赞赏孩子今天所做的事，比如，"你今天和隔壁爷爷奶奶打招呼了，做得很好"。其实，孩子都很精明，当他发现"嘴甜"可以让大家都开心，又可得到奖赏时，他会很乐意去做这件事。

孩子在公共场所吵闹。要处理这个问题，事先预防是关键。家长在外出前先告诉孩子外出的目的是什么，让他知道会发生什么事。出门前，家长也要先跟孩子说好规则，确定他已经听明白，并问他是否能遵守。到了外边，这些规则往往会被打破，家长要耐心地提醒与纠正，直到孩子遵守。同时，家长也要坚守自己的原则，比如，孩子在超市奔跑吵闹，屡劝无效时，可问他是要安静下来，还是要离开。如果孩子不听劝说，家长就要冷静地带他回家，让孩子明白，除非在公共场所表现得好，否则不能再出门。下次出门前，家长可以再和孩子谈一次，询问孩子是否了解这些规则，能不能遵守。如果不能，就把孩子托给其他朋友，大家按需要轮流外出购物，这样也能让孩子学会自我控制。还有一些技巧，比如，家长别在吃饭前或午睡时间带孩子出门，因为那会让他们更兴奋，难以控制。孩子吃饱睡足了，大人也比较轻松。

孩子在餐厅大声喧哗。带孩子出去吃饭或聚餐，也得做好预防工作。出去前，家长先跟孩子说明状况，比如到餐厅不能大声喧哗等。就餐前，家长可先为孩子准备小点心，或带他们四处走走，看看餐厅周围的摆设或环境，缩短坐在高椅子上的时间，让孩子有点乐趣。用餐时，家长别一口气就把孩子喂饱，进食的速度应和大人差不多，否则孩子一饱就精力充沛，很难再坐得住。在这过程中，还可从孩子的"百宝袋"里掏出好玩的东西吸引他。比如，拿出图画书，让孩子一页一页地翻，也可拿出家里的相册，孩子喜欢看自己的照片，还可以问他这是在哪里拍的，那天做了什么事，让孩子沉浸在愉快的回忆情绪中。

大人讲话，孩子插嘴。如果碰到这种情况，要先心平气和地告诉孩子：打断别人的谈话是没有礼貌的行为。同时，要谨守原则，千万别在孩子插嘴时回应他的要求，否则，他会不断重复这一可以得逞的行为，尽管你已说了上百遍"这是不礼貌的"，也不管用。但在谈话告一段落后，家长要主动问孩子："你想做什么？我现在可以来帮你。"让孩子明白，这时候才能听他说话，满足他的需要。

孩子不会说礼貌用语。要孩子养成用语礼貌的好习惯，父母得以身作则。如果孩子常听到爸爸妈妈用"请"字与人沟通，自然而然会明白它该怎么使用。可以说，如果希望孩子有个礼貌的交流习惯，父母就要在日常生活中随时说"请""谢谢""对不起"，从自己做起，给孩子做表率。有了父母的表率作用，就一点不用担心了。

孩子说话让人难堪。如前面的案例那样，"叔叔，你的嘴巴好臭""妈妈，这个新娘好丑"，这些话冷不防从孩子的嘴里出来，不仅让人家难堪，也让家长窘得想钻进地洞里。其实，孩子这样说，往往并非要故意侮辱或伤害别人，也就算不上什么大错。一是孩子不懂什么叫难堪，他只是有什么说什么，是真正的实话实说。二是孩子喜欢有所发现，他觉得他的发现很有意义，是他的一个收获，也就很愿意说出来。但是，尴尬最好避免，说话需要讲究。所以，孩子稍大一些后，父母就要注意引导了。你不用批评孩子，可以用孩子的语言讲清道理。比如，孩子在婚宴上当着新娘面说"她很丑"，妈妈可在事后告诉孩子，不一定要当场把所有的感觉讲出来，如果只想说给妈妈听，附在耳边说就好。也要教孩子将心比心，体会别人的感受与反应。可问孩子："如果别人也这么说你，你会不会很难过？如果会，就不要这么说。"还要提醒孩子，常常说这种话会让人不高兴，没有人喜欢跟你做朋友。这样和孩子讨论，建议他使用文雅有礼的语句，会比纯粹的斥责更有效。

孩子不会赞美他人。网络上曾有个笑话：一个每天要骑车送孩子上幼儿园的妈妈，有一次为了孩子的一句话兴奋不已。原来，是孩子在途中附在她耳边说："妈妈，你内向贤淑。"过了好多天，她才搞清楚，原来是孩子发音不清楚，把"逆向行驶"说成"内向贤淑"。尽管如此，这句话还是让妈妈高兴了好几天。这告诉我们，赞美是那样鼓舞人。所以，父母要教孩子学会赞美。教孩子从小学会赞美，不只是赞美别人，更重要的是培养他关怀安慰人的能力。当然，在这一点上，家长的身教更是最重要的。如果爸爸妈妈常常赞美他人，孩子的嘴巴也比较甜；如果家长严苛批评，孩子也难说出好话。家长先给孩子做出个榜样来吧。

孩子挨欺负了，该不该教他打回来？

　　我的小外甥两岁半，是个柔弱、善良、懂事的小孩。然而，每次小外甥在楼下玩的时候，总被一个男孩子欺负。他家大人从来都不管，有时候我们家大人也看不过来。这不，昨天晚上小外甥又被那男孩子摁在了地上。这一幕正被我妹妹看见了，妹妹非常心疼，可又不能说什么，就把我小外甥抱回家。小外甥似乎对刚才被侮辱不舍弃，在妈妈怀里说："打他，打他。"妹妹听儿子这样说，也想趁机锻炼一下孩子的"战斗力"，就鼓励他说："那你去打回来吧。"小外甥马上挣脱妈妈的怀抱，果真跑到打他的男孩子面前，他伸出的手还没有打到对方身上，又被对方挠了脸。妹妹站不住了，赶紧抱起孩子就回家了。

　　妹妹回家后就问我，孩子挨欺负，该不该叫孩子打回来？这一询问，把我的思绪拉回到十几年前。我儿子小时候，也和小外甥一样善良，从来不会打架，连骂人都不会。我们住家属院的时候，儿子经常被小朋友们摁在地上骑着。孩子都是母亲身上掉下来的肉，哪位母亲看到孩子受到欺负不心疼？可我是老师，我一直教育儿子对人要谦让、友爱。当儿子遇到被欺负的情况，我就对儿子说："对那些欺负你的孩子，咱躲得远远的。"可很多时候，有些熊孩子并不是你能躲得开的。

　　有一次回老家，说起儿子总被一些孩子欺负的事，儿子的一位本家爷爷教儿子说："大孙子，以后谁再打你，你打不过就咬他。"这位长辈一边对儿子说，还一边示范。我很不赞同这种方法，可面对着长辈，我又不能说什么。回家后，我只能对儿子说："儿子，老爷爷说的这办法咱们不能用。"可是真到儿子再次被欺负的时候，儿子不知是怎么了，我的所有正面教育都被他抛到了九霄云外，他只记住了那位本家爷爷说的"打不过就咬"。真奇怪，儿子咬了打他的人几次之后，竟然再也没有人欺负儿子了。当然，儿子上小学之后，因为我们从诗书礼仪各方面进行渗透教育，他渐渐地崭露头角，再也没有人欺负他了，他也再没有用爷爷教他的"法宝"。

拉回思绪，我告诉妹妹，一定要好好培育孩子，让孩子自立自强，拳头大的不一定是"大哥"，唯有真实本领可以为自己树立永久的威信。但是，我不知道，我可不可以告诉小外甥，在他还没有多少真实本领之前，也用"咬"来保护自己？

——小外甥的故事

听听专家怎么说 莫以"大人之心"度"小人之腹"

这个问题很有普遍性意义，是很多家长都关心的问题。为这样的问题，我们做过调查。确实有一些家长认为孩子在受到欺负时，应该"打回来"反抗和自卫。但是，大多数家长还是认为"打回来"的教育并不能解决根本的问题。

说到这里，想起了我的小外孙。小外孙也是个不会打架，不会骂人的孩子。有一次我亲见，他和玩伴两个人玩羽毛球，不知怎么争吵了起来，那个男孩抢起球拍，小外孙也抢起球拍。但是，小外孙的球拍是高高举起轻轻放下。从小外孙这个细节中，我看到的不是胆怯，不是软弱可欺，不是不会自我防卫，而是一种心底的善良，是一种可以广结善缘的好心肠，是一种可以赢得好人缘的软心肠。我跟小外孙的父母说过件事，高高举起轻轻放下，是孩子美好的心性，千万不要教孩子敢下手。因为一个孩子如果从小学会了敢下手，那是早晚会祸及自身和家庭的，害人害己。事实证明，就近景效果说，当时两个伙伴很快又高兴地玩起来，依然是一份善缘；就远景效果说，到今天小外孙十来岁了，在同伴中很有人缘。

从心理角度看，这给我们两点启示。

不要以"大人之心"度"小人之腹"。孩子之间的冲突有孩子们的特点。德国幽默大师埃·奥·卜劳恩的《父与子》上有一幅漫画，画的是两个小孩打架，打完后都各自回家告状。两个爸爸拉着孩子见面了，两个爸爸评理，吵架，直至打架，转过身一看，哇，俩孩子玩到了一起！这幅漫画生动地刻画了一个现象：孩子间的冲突是多么的容易化解，根本不像大人间的矛盾。我们不要一看见孩子们发生冲突了，就以成人世界的逻辑来对待。

因为，孩子间的冲突和打斗基本上都是暂时性的、浅表性的，并不存在原则上的敌意，没有那么多的是非人我。他们今天吵明天好，在这一过程中互相磨合，逐渐学会交往。如果轻易地教孩子以"打回来"的方式来解决问题，就容易使孩子间的冲突升级，形成你不让我、我不让你的激烈局面，最终造成更大的伤害。更何况，成人社会中，暴力行为最终也要受到社会的谴责和法律的制裁。

不要以"律师之心"代"法官之心"。孩子发生冲突后，实话实说，出于爱子心切、护子心切，双方家长有意无意间都是站在自己孩子这边的，就是说，家长几乎本能地都扮演了自己孩子的律师角色，这原本也许不算大错。但是，我们不能以"律师之心"代"法官之心"，就是说，感情上我们可以心疼自己的孩子，甚至可以偏爱自己的孩子，但是，理智上我们不能就据此对孩子的冲突作出判断以及相应的处置。也许有些家长说，我可没那样想过，我可不是护犊子。问题是，我们现在说的是潜意识的心理活动。潜意识活动是人的许多活动真实的心理动因。就是说，我们会不由自主地心疼自己的孩子，袒护自己的孩子。打个比方，两个孩子发生冲突了，假如现场有位与两个孩子都不相干的成人，他们与两个孩子各自家长的心理感受和行为反应是决然不同的。

专家教你这样做 **关注孩子挨欺负背后的性格问题**

　　在孩子们的世界里，不是拳头大的就是"大哥"；在成人的世界里，更没有人真正能凭拳头打遍天下，打出个英雄豪杰，打出个众人仰慕。因此，家长应教孩子品行兼优，教孩子德才兼备，教孩子学会正确的交往技巧，学会以智慧和能力取胜，学会以忠厚和善良处世，这才是孩子立足于未来社会并在竞争中获得成功的根本途径。因为这样才能广结善缘，广结人缘。

　　孩子之间发生些冲突，挨不挨欺负，吃不吃亏，那只是孩子们应有的生活。假如冲突中自己的孩子挨欺负了，吃亏了，那请记得吃亏是福。

　　再有，有些孩子间的冲突，表面看来好像是孩子的人际交往出了问题，其实是家长对孩子的人格培养出了问题，就是说孩子存在不健康性格。很多老师有过观察，一个班里常常挨欺负的孩子，大多不是那些真正老老实实的孩子，相反，是自身多多少少有一些毛病的孩子。这是需要家长细心观察并及时矫正的。

孩子的嫉妒情绪是一场小感冒

过年了！这一天，奶奶给姗姗和她的表哥各一个小礼包。多高兴的事儿！可是没想到的是，姗姗看看手上的黄色礼包，又看了看表哥手中的紫色礼包，突然大哭起来，把自己的礼包摔到地上，扑上去抢紫色礼包。这让大家又尴尬又扫兴。奶奶忙把两个礼包当着姗姗的面拆开，原来是两盒一模一样的巧克力糖。姗姗这才破涕为笑。姗姗妈妈却愁上心头：这么小的孩子哪来这么强烈的妒意？

细细想来，姗姗的嫉妒情绪存在已不是一两天了。4岁时，邻家孩子有一架钢琴，而姗姗只有电子琴，姗姗为此生了许多天的闷气。到邻家做客时，她竟逮着钢琴发泄般地乱弹一气。我当时虽然制止了她的恶劣行为，却忽略了她心理上的扭曲情绪。

到了6岁，姗姗的妒意表现得更强烈了。有一次，同学娜娜向她借图画书，明明姗姗昨天刚买回家，她却说没有。我问她为何要说谎，姗姗毫无愧色地说："谁让她什么都比我强，我就是不想借给她！"

面对女儿如此强烈的嫉妒心理，我不知所措。

——姗姗妈妈的烦恼

听听专家怎么说 **孩子的嫉妒不算毛病**

　　嫉妒是孩子们常有的心理，是孩子成长到一定年龄的心理表现。一般来说，两岁之前的孩子还不会表现出嫉妒。但是，随着年龄增大，孩子逐渐会与周围的伙伴攀比，对自己几经努力也无法达成的目标充满不甘，这时，对"幸运儿"的心理排斥和强烈妒意就冒出来了。

　　父母需要正确理解孩子的嫉妒。从某种角度说，孩子的嫉妒一般不算毛病。嫉妒一方面是待人不够宽容的具体表现，另一方面也是孩子自我意识开始觉醒的表现。通常，嫉妒情绪强烈的孩子，好胜心也强，愿意为某方面超出同龄人而付出加倍的努力。父母要做的，是化解因此而产生的虚荣、攀比、说谎、任性等负面因素，而不要把嫉妒背后的进取动力也一笔抹煞。当然，如果孩子嫉妒心过强了，像前面的姗姗那样，就得想办法好好帮助孩子化解了。

专家教你这样做 **鼓励孩子化嫉妒为力量**

　　鼓励孩子坦然承认自己嫉妒。假如发现孩子有嫉妒心，父母便斥之为可耻想法予以打压，会加深孩子内心的矛盾与扭曲。鼓励孩子说出来，才是疏解孩子内心压力的最佳途径。所以，家长应该引导孩子把内心的嫉妒说出来，合理地满足孩子的一些需求，并鼓励孩子化嫉妒为力量，通过自己的努力实现自己的理想。

　　引导孩子了解别人，化解嫉妒。有些腼腆内向的孩子，不会当面承认自己的嫉妒，他会把不甘和不满压抑在心里，然后找不相干的事发脾气，借题发挥。这时，父母很容易较起真来。殊不知，这样是跟着孩子的思路跑了。其实，理性的办法是，让孩子与被嫉妒的对象一起生活一两天，让他自己去感受十全十美的孩子和家庭是不存在的，体会到别人也有烦恼，也有得不到的东西，只是你不知道而已。

指导孩子学会比较，淡化嫉妒。嫉妒都是盲目比较的结果。父母应该指导孩子学会比较，学会接受自己的劣势，同时，学会看到自己的优势，让孩子体会到不可能处处都比别人强。比如，伙伴有一个坦克玩具，自己有一个飞机玩具，大家应该都很开心。从而让孩子感受到，许多时候用不着嫉妒别人，好好珍惜自己就是了。

破除自我中心，预防嫉妒。嫉妒心过强的孩子，往往是过于以自我为中心，娇纵任性惯了，心里容不下别人，更容不下别人比自己强。所以，父母应该多让孩子和小伙伴在一起玩耍，在交往中淡化自我中心，学会包容别人，也就从根本上淡化了嫉妒心理。

孩子间发生矛盾和冲突，
家长该不该干涉？

这是发生在外国的家庭教育故事：小男孩凯迪长得很俊秀，平时总把自己收拾得干干净净。可是，这天从外面和伙伴们玩耍后回家来，他的衣服却弄得很脏，而且脸上青一块肿一块的，显然是被同伴打了。

妈妈关切地问："宝贝，你今天怎么了？谁欺负你了吗？"孩子说："对不起，妈妈，我不想告诉你。"妈妈也就没有接着问下去，对孩子说："好的，你会自己处理好，是不是？"

这样的事情，如果发生在我们的国度里会如何？恐怕不少父母都会对孩子刨根问底。即便争端是由自己的孩子引起的，只要发现自己的孩子吃亏了，就会兴师问罪，至少会抱怨说，别的孩子不能把自己的孩子打得那么狠。是不是这样？

——凯迪的故事

听听专家怎么说　交往能力是需要锻炼学习的

人际交往中发生冲突是很正常的，妥善处理人际冲突是一个人成熟的标志，也是一个人独立于社会应具有的基本素质之一。人际交往关系是很复杂的，需要人敏感地体验、妥当地判断和正确地决策。这些交往能力是不会自发形成的，是需要锻炼学习的。孩子正在成长之中，他们需要在与同龄人的交往和摩擦中，渐渐学会交际技巧，培养人际交往能力。

所以，对孩子们之间发生的许多摩擦或冲突，家长最好不要轻率地介入干涉，甚至越俎代庖地直接替孩子们解决问题。

专家教你这样做 / 放手让孩子自己解决问题

不要灌输"不能吃亏"的意识。孩子之间的矛盾冲突，是孩童之间经常发生的"小事"。在任何"小事"上都"不能吃亏"的人，长大一定是不幸福的。处处争强好胜的人咄咄逼人，人缘一定好不了。所以，家长不要灌输"不能吃亏"的观念，在孩子和同伴发生一些冲突的时候，特别是自己孩子吃亏的时候，应该引导孩子不要斤斤计较。

家长耐心倾听孩子的叙述。如果孩子有叙述事情经过的愿望，家长可以耐心倾听，但不偏信孩子的一面之词。孩子的认识与判断能力有限，还没有摆脱以自我为中心的思维局限性，他的叙述会无意间搀杂很多"水分"。家长要了解事情的真相后再教育孩子，不要看见孩子"吃亏"就失去了判断能力。如果孩子像前面案例中的男孩那样不想告诉家长，家长最好也不必追问。

家长不要盲目介入干涉。即使孩子"吃亏"了，家长也要放手让孩子自己解决问题。如果争端是由自己的孩子引起的，家长要给孩子讲清道理，使其承认错误；如果确实是受了其他小朋友的侵犯，家长要指点孩子做自我保护措施，比如，不与有攻击性的孩子玩，或者向他人求助，等等。

有一种小心思，叫说话兜圈子

这一天，是思思5岁生日，爸爸妈妈带他去吃肯德基。他满心欢喜地跟着爸爸妈妈出了门，到了肯德基店门口，却突然说不想吃了。"为什么？""我不想浪费那么多的钱。"思思的回答让爸爸妈妈十分感动，觉得有如此懂事的孩子，真是自己的福分。虽然爸爸妈妈一再劝说思思进去，但思思坚持己见，丝毫没有要退让的意思，于是，爸爸妈妈也只好作罢。

过了一会儿，思思发话了："妈妈，我想买个东西。""买什么？""我什么都不要。"思思狡黠地笑了。一家人在大街上溜达着，思思不时地冒出一句："妈妈，我想买个东西。"但每次妈妈问他想要什么，他都回答说什么也不要。爸爸妈妈终于明白，实际上，思思是真的想要买点什么。"我知道你是真的想买点什么。到底想要什么呢？""我不敢说，怕你们不让。"思思终于扭扭捏捏地亮出了自己的底牌。当爸爸妈妈向他保证为了庆祝他的生日，会满足他的要求以后，思思才将真实想法告诉了爸爸妈妈，他想要一个梦寐以求而价格不菲的玩具。原来如此，爸爸妈妈一时不知说什么好了。

——思思的故事

听听专家怎么说 为了表达某种心理需求

人们总爱用天真无邪来形容孩子，认为孩子没有什么心理活动。其实不然，孩子很早就有了较为复杂的心理活动，有了自己的小心思。所以，父母要细心观察，及时了解孩子的心理活动，并引导其向健康的方向发展。

前面的思思就是跟大人耍了一个小心思，说话兜圈子，把大人给忽悠了。孩子说话兜圈子，也是为了表达某种心理需求。孩子之所以不敢直截了当地说出自己的想法，很明显，与爸爸妈妈对孩子限制过多有关。孩子怕直接说出来不能如愿，所以只好跟爸爸妈妈耍个心眼，兜个圈子了。可以说，是爸爸妈妈使孩子失去自信，不敢将自己的真实想法告诉爸爸妈妈。这种过分压抑的心态，对孩子未必是一件好事情。当然，孩子适当地学会一些交往策略，也不都是坏事。但是，总的来说，还是让孩子单纯、率真一些好。

专家教你这样做 及时满足孩子的合理需求

及时满足孩子的合理需求。对孩子的要求，只要合理，爸爸妈妈就应在自己的能力范围内尽量给予满足。不能满足的，或者不合理的，要向孩子解释清楚，让孩子自愿放弃要求。这样，孩子也就愿意直接表达，不再跟大人耍心眼，兜圈子了。

把握好满足孩子的度。如何满足孩子的愿望有个度的问题，比如，如果孩子和周围孩子差不多，我们有什么必要让孩子的玩具比谁都多，比谁都好呢？反之，如果周围的孩子都拥有了众多的玩具，我们又何必限制自己的孩子呢？这个度，需要把握好。给孩子适当的成就感与挫折感都是必要的，孩子需要宽松但又不放任自流的环境来磨炼良好的心态。有着良好心态的孩子，成人后才能健康地面对社会，并最终走向成功。

让孩子安心长大

一次，家长座谈会上，一位朋友把一个普遍性的问题摆在了大家的面前：

我们常常看到，家长为了使孩子在日常生活中懂得自我保护，总是告诫他这样那样的"安全法则"，总是在进行这样那样的"安全教育"。比如，有的家长告诉孩子：不要与陌生人说话；有的家长嘱咐孩子：外出时必须跟紧家长；有的家长告诉孩子：如果你走丢了就去找警察；有的家长甚至让孩子觉得，任何地方都不安全……

这样的话是否似曾相识？这样的安全教育是否有道理？正所谓一石激起千层浪，问题一出，大家七嘴八舌。看得出，家长们对孩子的安全教育问题十分关注。

——家长的烦恼

听听专家怎么说 / **许多安全法则已经不再适用**

如今大多数家庭只有一个孩子，孩子的安全怎不更让人牵肠挂肚？但是，世界随时在变化，许多原来看起来安全的法则有的已经不再适用。就说前面提到的，父母常给孩子的安全教育就很有问题了。

我们先说"不要与陌生人说话"的教育。事实上，这种教育存在3个问题：其一，专家做过这样一个实验，让几位母亲反复告诫孩子"不要与陌生人一道离开公园"，然后，母亲们丢下孩子躲到远处观察。结果，她们十分震惊地发现，孩子居然与陌生人一起离开公园去寻找"丢失的妈妈"了。实验表明，平均只需花35秒钟，一位陌生人就可以将孩子引诱出公园。其二，这样的教育暗示孩子，陌生人是坏人，意味着危险，而他们认识的人都是好人，意味着安全。这种暗示会给居心不良的孩子的"熟人"可乘之机。其三，如果孩子在公共场所走失，向陌生人求助极可能是孩子唯一的选择，而这一能力必须在平时与陌生人交往后才能获得。

我们接着说"外出时必须跟紧家长"的教育。事实上，这样要求孩子时刻紧跟家长是不现实的，是做不到的。因为孩子的注意力不会长时间地集中在某一件事物上。再说，在这样的告诫声中，孩子永远都不可能独立行动，只能做家长的"跟屁虫"。

我们再说"如果你走丢了就去找警察"的教育。家长过多地教给孩子这种"大众常识"，忽略了两个问题：其一，许多警察的标志、徽章都戴在头上或肩上，而孩子的视线主要集中在成人的腰部以下，在人多的公共场所，孩子很难辨别出谁是警察；其二，在某些场合，甚至是很多场合，孩子可能根本找不到警察。

我们最后说"任何地方都不安全"的教育。这种说法意在让孩子更小心一点，警惕性更高一点。但是，这种教导是有副作用的，它暗示着危险无处不在，并且时时刻刻都会发生。对孩子来说，这不仅是种安全警告，还是一个令人失望的信息，打击了孩子自我保护的信心。这种教育的另一问题是，它的有效期过于短暂，当家长警告孩子时，他就会警觉起来，可随着时间的流逝，危险并没有发生，孩子的警惕性就松懈下来，认为家长的话是危言耸听，可往往这时危险才真正临近。

专家教你这样做 **训练孩子与陌生人交往**

那么，面对种种存在不安全因素的现实环境，家长究竟应该怎么做呢？

训练孩子掌握与陌生人交往的方法。比如，妈妈特意让5岁的儿子在公园里询问：到附近的儿童乐园怎样走？而她自己则站在远处观察孩子如何选择询问的人并与之交谈。等孩子问完后，马上和他一起讨论为什么他要选择这个人，他们谈话的内容是什么，孩子的感受怎样，等等。在这个过程中，孩子学习了与陌生人交往的方法，最重要的是选择什么样的陌生人，培养了孩子观察陌生人的直觉。经过这样训练的孩子，往往比那些从不与陌生人说话的孩子更不易上当受骗。

采取具体措施防止孩子外出走失。为了减少孩子与家长外出时走失的概率，对于较小的孩子，可以给他穿上色彩鲜艳、有特点的衣服和帽子，便于在人群中辨认。如果到外地旅游，家长可随身带着孩子的照片，或给他的衣服缝上身份识别记号、家人的联系方式，万一孩子走失了也有线索寻找。

教给孩子一些保护自身安全的知识。比如孩子在自家附近玩耍，可以为他选择好回来的最佳路线，查明哪些地方可以安全停留，哪些地方可以寻求帮助和庇护，要孩子按规定行动，并告诉他爸爸妈妈会经常检查，看他是否有遵守这一规则，必要时确实要暗中跟随孩子。当然，在其他方面也要教给孩子自我防卫的知识。

怕生，是适应能力问题

妈妈带着晓慧来到心理咨询师面前，第一句话就是"这孩子怕生"。妈妈说，晓慧已经3岁多了，还哪里也不敢去，见到生人就害怕。

从随后的沟通中发现，原来孩子问题的病根在妈妈的嘴上。在短短的心理咨询会话过程中，晓慧妈妈一直挂在嘴边的一句话就是"孩子怕生"，这句话说了无数次。当心理咨询师指出这一点的时候，晓慧的妈妈也笑了，承认还是晓慧几个月的时候，自己就逢人便说这样的话。如果谁要接过孩子抱，妈妈就想到晓慧怕生，自己先担心紧张起来。

——晓慧妈妈的烦恼

听听专家怎么说 **适应能力是孩子的一种潜能**

所谓怕生的问题，实际上是个适应能力的问题。在今天，不仅时代发展带来生活方式的纵向变化，而且人口流动也带来生活方式的横向变化，这必然给孩子们带来影响。孩子的适应能力问题更突出了，我们更应该关注孩子适应能力的提高。所谓适应能力，就是人根据生活环境进行自我调整，以便和环境保持平衡的能力。这是一种基本的生存能力了。

本来，适应能力是孩子身上的一种潜能。有时候孩子表现出适应能力不太好，很大程度上是家庭教育需要改进。我们在家庭教育过程中，应该把孩子的这种潜在能力更好地挖掘出来。

专家教你这样做 **让孩子适应并不难**

　　具体到某个孩子身上，会因为具体原因的不同，孩子适应困难的表现也有所不同。所以，在家庭教育上，家长应根据孩子的不同情况，对症下药来锻炼提高孩子的适应能力。

　　生活环境变化导致的适应困难及对策。生活是不断变化的，这是孩子出现适应问题的客观原因。为了帮助孩子克服适应困难，应帮孩子做好心理准备。一是做好态度的准备。比如孩子要转学，一定要提前和孩子谈好，聊聊新学校吸引人的地方，还可以让孩子直接接触一下新学校，与新学校中的老师或同学适当交流。态度到位了，自然就容易适应了。二是做好习惯的准备。比如，假期快结束了，就不能由着孩子睡懒觉了，看电视要有节制了。再如，孩子要转学了，事先也应该养成一些与新环境相适应的生活习惯。

　　社会角色变化导致的适应困难及对策。生活中每个人总是扮演着各自的角色。人际环境的变化，也就导致了社会角色的变化。一是利用角色游戏。比如孩子分别扮演"大哥哥"或"小弟弟"的游戏，可以让孩子掌握角色变化后的行为规范，以适应社会角色的转换。二是利用新奇效应。孩子都有新奇心理，借以让孩子重建信心，树立新的自我形象。三是调整角色期望。在角色变化的适应期，父母不要对孩子提过高的要求，应遵循小步子原则，引导孩子慢慢适应。

　　早期教育失误导致的适应困难及对策。适应能力应该从宝宝抓起，家长应做好早期的基础训练。一是增进母婴交流。妈妈不要觉得宝宝还什么都不懂而忽视了与宝宝的交流，应在喂奶时和宝宝说说话，与宝宝有肌肤之亲，以增进母子间的交流。二是增进同伴交流。父母不能怕孩子寂寞老是陪伴着他，最终使孩子离不开父母。组织两三个家庭的孩子在一起玩耍，是个很好的办法。

消极心理暗示导致的适应困难及对策。心理暗示很厉害，经常给孩子什么暗示，孩子就会成为什么样的人。有人把这叫作"标签效应"。另外，当孩子面临一些生活变化时，往往孩子还没怎么样，有些父母先受不了了。比如新生入园，有的孩子在墙里刚要哭，妈妈在墙外先泪流满面了。这也是强烈的消极暗示。父母的消极暗示逐渐转化为孩子的消极自我暗示。结果呢？本来没问题的孩子也会出现适应困难。因而，父母应该特别注意，一是把对孩子的消极评价从自己的词典里删除，给孩子贴一个"好标签"；二是给孩子做一个好榜样，让孩子得到积极的暗示，增强适应的勇气。

过度自我中心导致的适应困难及对策。过度自我中心的突出表现，就是心中只有自己，不会替别人着想。这必将导致人际冲突，带来人际环境的适应困难。讲到对策，关键就是教孩子心中有他人。具体做来，必须从小事抓起进行培养。比如，吃饭时让孩子和大家一样，不单独为孩子起"小灶"。再如，教孩子把可口的东西让爷爷奶奶先吃。又如，同学病了，教孩子去看看；伙伴之间有了矛盾，多替对方想想……

不让亲近是安全感的缺失

我的女儿3岁了，长得非常可爱，看见她的人都很想捏她一把，摸她一下，也喜欢逗她，"让我亲一下好吗？"每逢这种时刻，女儿总是涨红着脸，气呼呼地说："不，不要！"我有时候会含笑看着别人逗她，亲近她，有时也会出言相劝："没关系，听话，让阿姨亲一下嘛！"通常，女儿在我的要求下，有时候也会勉强答应，但小小的脸庞上尽是委屈和不悦。结果，弄得想亲近孩子的大人也不免有些尴尬。

——宝妈的烦恼

听听专家怎么说 / **孩子也需要自尊心和安全感**

类似的情景，时常在我们的生活中不断地重复上演。

孩子为什么会这样？一位朋友讲述的流浪猫的故事会给我们启发。这位朋友家的流浪猫是从街上捡回来的，对人很有戒心，一般人很不容易接近它，更甭提逗弄或抱它了。来访的客人有的冒冒失失地想靠近它，它绝对不客气地转身就跑，溜得比什么都快。有一次，一位客人抓住它，想把它搂在怀里，它用它的利爪抓了客人一把，挣扎着跳下来，在椅子下面躲了一整夜。相反，懂猫的朋友就不会这样做了。他们会先若无其事地跟主人闲聊，等猫放松了警戒的时候才慢慢地靠近它。如果最后猫还没离开，那就表示它把你当成"自己人"

了。或许它还不会让你抱，但你可以摸摸它的脖子，通常它会舒服地咕噜咕噜叫，最低限度它绝不会生气地用爪子攻击你。

小孩子有时候跟猫很像，他们也有自尊心，不喜欢别人随意地逗弄。他们很需要安全感，不会让人轻易地靠近。当你表现得很友善，看起来似乎不会威胁到他的时候，他或许会愿意让你靠近，甚至接受你的拥抱或亲吻，但多数的孩子和猫并不以此为乐。唯有当他们准备好，发自内心地喜欢你，也觉得跟你在一起很舒服很有安全感的时候，你才能进入他们的私人领域。

专家教你这样做 / 让孩子决定是否让你亲近

所以，成人想和孩子亲近的时候，一定要替孩子想想，体会孩子的心理。

想想孩子的心理需求。学前的孩子，是非常以自我为中心的。除了少数拥有特殊心理动机，如渴盼被注意的孩子之外，大多数的孩子不会以身体的亲近来取悦别人。因此，当你想亲近一个孩子的时候，要知道孩子未必喜欢大人的肢体接触。不要忘了孩子也需要尊重，不要忘了孩子也需要安全感。至于为了成人之间的关系而故作亲热，更不会让孩子买账。

让孩子决定是否让你亲近。跟初次见面的孩子接触时，可以先跟孩子的父母随意聊聊，眼神不经意地扫过孩子，但绝不盯着他看。有时大人的话题难免会提到孩子，你也不要因此一直看着他，或借故去碰触他，顶多比刚开始的时候多看两眼，或问一两句"你在玩什么"之类的问题。等过了一段时间后，孩子觉得你对他似乎没有威胁了，这时，你就可以蹲下来跟他一起玩他正在玩的东西，以实际的行动让孩子知道我跟你是一国的。之所以要蹲下来，是因为只有他平行地接触到成人的眼神，他才会觉得受到尊重，而不是上对下的权威。当你这样做的时候，很单纯的只是因为喜爱孩子，并没有企图拥抱他们。但通常要不了多久，孩子就会主动地亲近你。等你要告别的时候，说不定孩子还会紧紧地抱住你，因为孩子这时候已经把你当成自己人了。

父母也要体会孩子的心。作为孩子的父母，当亲友想亲近孩子的时候，你也不要忘了孩子的心理需求，而只顾大人的心理需求。这时候，你既不能勉强孩子献出自己的脸蛋，也不能轻率地说孩子胆小害羞，因为这实在不是胆大胆小的问题。最好的办法是机智灵活地避免让人尴尬的局面。实在不行了，也不妨直说，请想亲近孩子的亲友等一会儿，给孩子一个把你当成自己人的过程。

如果你也不知道给孩子买什么礼物

下面是幼儿园里发生过的一幕。强强妈到幼儿园接儿子。刚走进小班，迎面走过来儿子的好朋友倩倩，"阿姨，看我的新裙子！漂亮吗？"倩倩学着模特的姿势走了几下猫步。"阿姨好！"小女孩佳佳又截住了她，"阿姨，您知道今天早上出了什么事吗？我现在就告诉您……"这时强强跑了过来，打断了佳佳的话，扑到妈妈怀里，紧紧抱住她："妈妈，您想我了吗？"

从三个孩子的表现，你能看出孩子有什么心理偏好吗？

——三个孩子不同的表现

听听专家怎么说 孩子们有不同的心理偏好

心理学把人的心理偏好分成三种：视觉型、听觉型、触觉型。成长过程中，孩子们同样会形成不同的心理偏好。上面的三个孩子的行为，就表现出了不同的心理偏好，倩倩表现出来的是视觉型的偏好，佳佳表现出来的是听觉型的偏好，强强表现出来的是触觉型的偏好。心理偏好不同，自然对礼物的偏好也有不同。身为家长，如果能清楚了解孩子的心理偏好，有针对性地给他买不同的礼物，当孩子收到爸爸妈妈精心为他挑选的礼物时，一定会有意外的惊喜。

逢年过节，家长总想送给孩子一个礼物。又过节了，你打算送孩子什么？玩具？书籍？还是……但是，你有没有想过，孩子最喜欢得到什么样的礼物呢？

专家教你这样做 **针对孩子的喜好买礼物**

给视觉型孩子的礼物。这种类型的孩子喜欢色彩、图像、形状、体积不同的东西，很容易被移动的人或事物吸引，如果眼前的东西不吸引人，很可能就会因为旁边走动的人或外面的阳光而分心。他们注重外表打扮，喜欢和人保持一定的身体距离，喜欢观察事物，有很好的专注力，非常喜欢看书或看电视，经常引用一些电视节目中的语句，喜欢画画，是个超级"涂鸦王"，说话速度快，思维活跃。

为这种类型的孩子买礼物，最好是带生动插图的书、木偶剧，或者是高清晰的DVD动画片。如果想让他成为画家，可以送他蜡笔、水彩、画板、画册等做礼物。

给听觉型孩子的礼物。这种类型的孩子很爱说话，语言能力强，喜欢用耳朵来接收不同的声音和文字，喜欢敲敲打打，制造自己的独特节奏和音乐。听觉型的孩子或许不是伟大的音乐家，但他天生具有对声音的敏锐辨识能力，声音和节奏感是他理解和掌握事物的最佳线索，也是了解自己与这个世界的快捷途径。

如果想让他成为音乐家，可以送各种乐器做礼物。

给触觉型孩子的礼物。如果看到有些孩子喜欢一路走一路东敲西打，或用小手触摸经过的东西，如墙壁，那他们很可能是触觉型的孩子。这类孩子常常会动来动去，不愿长时间坐着，即使叫他坐好，他的脚还是会踢来踢去，或者伸手去拿别人的东西，显得非常活泼。他喜欢那些可以跑来跑去的追逐游戏或竞技比赛，是个精力充沛的运动健将。他不喜欢睡觉前听故事，除非妈妈把他搂在怀里。他喜欢拥抱别人和被人拥抱，喜欢用手触摸感觉新鲜的事物，喜欢用手势表达自己的意思。

给这类孩子的礼物，最好是毛绒动物、拼拆积木、组装玩具等所有可以用来摔、揉、扔的东西。如果想让他成为运动员，可以送旱冰鞋、足球、乒乓球拍、游泳卡等做礼物。

当然，很多孩子的心理偏好并不明显，属于混合型。不管怎样，家长应该注意针对孩子的喜好来给孩子买礼物。

孩子不敢说话，
有时只是需要家长的鼓励

亮亮是个两岁多的男孩，早就该会说话了，却总也说不清楚，明显地比别的孩子晚好多，而且越来越不敢说话了。亮亮和奶奶住在一起，应该说奶奶不是特别惯着亮亮，奶奶为亮亮的毛病也很着急。于是，每逢见到人，奶奶总是抱怨亮亮是个臭坏蛋，哪样都好，就是不会说话，这么大了，说话还不行。奶奶这边说，亮亮就在身边听着，越听越低头。没想到，奶奶说着说着，低头看到了亮亮，就对亮亮说："你看，这也是奶奶，快，叫奶奶，叫奶奶。"哪成想，亮亮更加低头不语了。奶奶就继续抱怨："你看，就这样，连话都不敢说……"

类似的情景你是否似曾相识？

——**亮亮的故事**

听听专家怎么说 **不要给孩子贴上消极的标签**

心理学家曾经做过一个小鱼捕食的实验。特制的鱼缸里，一条饥饿的小鱼面前有一团食物，但是，食物隐藏在透明的玻璃片后面，可望而不可即。可怜的小鱼只能一次又一次地去啜，却一次又一次地失败。多次失败后，小鱼不再去啜食，因为它感到自己没有希望了，所以放弃了。不幸的是，当玻璃片被挪开后，小鱼也不会游过去啜食了。这种经由多次的失败和挫折经验而引发的退缩行为，叫作"习得性无助"。

孩子们面对失败往往会进行两种类型的归因：内归因和外归因。内归因即指向自己特征能力的归因，比如，我是个笨孩子，所以我没有做好。外归因即指向外界客观现实的归因，比如，我这两天病了，要不一定会做好。孩子过多使用内归因，也会导致习得性无助，对自己失去信心。

孩子的自我意识还很差，还不知道自己到底是怎样一个人，到底有怎样的本事。是什么会让孩子形成习得性无助，对自己失去信心呢？是家长的过多的消极评价。在孩子们的自我意识形成过程中，家长对孩子的消极评价，常常成为那个阻挡小鱼啜食的玻璃片，让孩子在过多的消极评价中失去信心。

这是因为，孩子自我意识的发展直接与自我评价相关。孩子到底还小，很难正确认识评价自己。他们对自己的看法，主要是从家长及周围人那里不止一次地听来的。而孩子将来成为怎样一个人，很大程度上就取决于家长经常的评价。家长的评价就像贴在孩子身上的标签，结果孩子往往像标签那样发展，这在心理学上叫作"标签效应"。因此，家长不要盲目给孩子贴上消极的标签。

专家教你这样做　适度地多进行肯定的评价

那么，在评价孩子的时候，家长应该怎样做呢？

对孩子适度地多进行肯定的评价。常听家长对孩子说"你真笨""你啥也干不好"。这样的评价可糟透了！这会使孩子认为自己是一个毫无希望、没有出息的人，对自己缺乏信心，感到自卑，不主动，缺少进取心，久而久之，会形成"自我萎缩"的人格，真的如你说的那样了。相反，也常有家长这样说孩子，"你真棒，真了不起""我们宝贝最聪明"。这样会使孩子以为自己什么都好，过高估计自己，高傲自大瞧不起人，长此以往，会形成"自我扩大"的人格。因此，经常对孩子过高或过低进行评价，都不利于孩子正确认识自己，不利于孩子个性的健康发展。该怎么办呢？一般情况下，应在慎重的实事求是的基础上，适度地对孩子多进行肯定的评价，不能一味过高或过低地评价孩子。

切忌当面翻来覆去强调孩子的不足。如果孩子确有不足，也不许说吗？不。可以慎重地指出来，并积极引导。但切忌像开头的奶奶那样当面翻来覆去地强调这一点。只要当孩子的面总跟别人说"这孩子真胆小，天一黑就不敢出门"，就足以使孩子成为一个胆小的人；只要当孩子的面总跟别人说"这孩子谁都不怕，谁都敢打敢骂"，就会"培养"出一个打爹骂娘的逆子。自然，这样的结果足以想象出来，万不可真试。对孩子偶尔表现的不足之处，可以"视而不见"，而去关注并赞扬他的优点。

不要轻率地拿孩子跟别人比。不少家长，特别是做妈妈的，经常在唠唠叨叨数落孩子时，习惯性地拿孩子跟他人比，"你瞧瞧人家小利多懂事多聪明""你怎么不跟姐姐似的那么勤快"，如此唠叨没完，无疑会伤害孩子的自尊心。这和给孩子树榜样不同。找榜样，并不是否定自己的孩子，而是相信他也能够做好。总是"不如别人"的评价，是对孩子的否定和怀疑。有的家长夸孩子时也喜欢这样说，"小路可不如我们小刚""你就是比哥哥有出息"。这样说只能助长孩子的虚荣心，使他目中无人。因此，在评价孩子时不要轻率地拿孩子跟别人比。

把愿望跟后果联系起来评价孩子。常有这样的事，孩子想帮妈妈把碗放到饭桌上，却失手摔在地上。这时你不要着急，而应告诉孩子："我知道你不是故意摔的，是想帮妈妈做事，下一次拿稳些……"孩子是逐渐学会由对外部行为的评价到对内心品质的评价的，你就该把孩子的内心愿望跟行动后果联系起来评价孩子。

第五章

别让孩子伤在童年
——幼儿的心理偏差分析

怎么减少对孩子心灵的伤害？

孩子性格扭曲怎么办？

患了"儿童电视孤独症"怎么办？

孩子为什么会梦游？

孩子说话结巴怎么办？

孩子为何要"扮演病人"？

孩子为什么不肯吃饭？

孩子社会化过程受阻怎么办？

孩子为何如此多动？

男孩说话做事像女孩怎么办？

……

孩子出现上面这些问题时，家长该怎么办？

心灵被伤害的孩子

晓伟是一个多愁善感的男孩，心中有一个难解的结。他说，人们都说父母最关心孩子了，但是他却一点感觉也没有，甚至认为他们一点不懂得关心自己的孩子。

晓伟为什么这样说呢？

那是缘于他童年的一段记忆。妈妈对他的伤害是最深的，也是最早的。现在回想起来，是那次伤害改变了他的一生。事情还要追忆到他6岁上学前班的时候。

那是一天中午，晓伟放学回家，看见家里空荡荡的，一个人也没有，估计是父母做农活没有回来。晓伟便去厨房看看还有什么吃的，走进去发现厨房很脏，很乱，就想起老师教育说要热爱劳动，而他也想给爸妈一个惊喜！于是，说干就干，他马上提来一小桶水，拿来一块抹布，很认真地干了起来。在他的努力下，很快就把厨房打扫得干干净净，里面的东西摆放得整整齐齐。当时他别提有多开心了！他看了看，只剩下外面窗户了。那时他太小，够不着。刚巧有一个装满水的和他差不多一般高的大水缸在下面。他便搬来小椅子，很费力地登上了大水缸边沿，开始擦窗户。谁知擦着擦着，一不小心，他掉进了大水缸里。当时他吓坏了，拼命地挣扎……

刚好这时候爸妈回来了。他们把晓伟拉出来，妈妈第一句话不是关心他怎样了，而是骂他浪费了一缸的水，骂他不懂事，骂他乱爬乱登，骂他废物，接着还狠狠地打了他。晓伟当时伤心极了，一个人哭了好久好久。

从那以后，他便开始恨妈妈了，人也变得沉默了许多，没有了自信。尽管爸妈也注意到了他的变化，但是他们没有更多地询问他，关心他，只知道照样给他吃的，给他穿的，送他读书。他们认为只要这样，子女就会感谢他们一辈子，但是他不能，是他们让晓伟成为一个没有自信的人……

——晓伟的烦恼

听听专家怎么说　**孩子心中的阳光源于父母的心**

孩子想给妈妈一个惊喜，多么美妙的童心，换来的却是妈妈的打骂！孩子的心灵怎能承受？孩子到底还小，很难正确认识评价自己。孩子将来成为怎样一个人，很大程度上就取决于父母经常的评价。父母应该把孩子的行动后果跟他的内心愿望联系起来评价孩子。对孩子的行为，只看效果不问动机，攻其一点不及其余，怎能不磨灭孩子的自信心？怎能不让孩子的心灵受伤？

心理咨询让我看到了孩子们心灵中有太多这样的来自父母的伤害。有的父母轻率地伤害孩子，不管孩子小小年纪心中的自尊；有的父母整天发动家庭战争，不管几岁的孩子就在身边；有的父母张嘴对家里家外随便说三道四，不管几岁孩子的小耳朵……

孩子心中的阳光源于父母的心，孩子心中的阴云同样源于父母的心。大量的家教心理咨询个案，越来越深刻地印证着一条儿童心理发展规律：孩子身上出现的心理问题的渊源，都能追溯到家庭生活特别是早期的家庭生活之中，追溯到父母的身上。这就是所谓的"亲源性心理问题"。

专家教你这样做 **不要伤了孩子那颗幼小的心灵**

那么，为人父母者应该怎么办？

有谁想有意伤害自己的孩子？可常常有那么多父母没想到，就是你亲手在无意之间，给孩子心灵的天空留下了难以驱散的阴影。

父母的过失是可以原谅的。但是，每一位关注孩子心灵健康成长的父母，都应该首先审视反观自己：我们的家庭生活给孩子的心灵应该留下阴影，还是应该播撒阳光？

父母应该知道，因为孩子的年龄特征，他们对接收到的来自成人的信息在做了心灵加工之后，常常会与成人世界的理解大相径庭。所以，在成人世界看来无所谓的事情，在孩子世界都会构成伤害。因此，父母时刻不要忘了身边的孩子，不要忘了孩子的那双眼睛，不要忘了孩子的那双耳朵，不要忘了孩子的那颗幼小的心灵，不要忘了孩子心中的世界。

忽视孩子就是"教育事故"

我的儿子楠楠今年5岁了。但是，楠楠给人的感觉不像5岁的孩子，没有一点活力。每天，楠楠总是神态冷漠，表情木然，眼神呆板，很少与人对视，经常是一个人在那里呆呆的。在幼儿园，别人问他什么问题，他都不回答；让他做游戏，他也拒绝做。在家中，楠楠也不活泼，吃饭也很少，仿佛生活中没有任何乐趣，没有任何意思。孩子到底是怎么回事？

——楠楠爸妈的烦恼

听听专家怎么说 成人的忽视让孩子性格扭曲

经过心理咨询发现，楠楠的注意力不集中，记忆能力极差，低于正常年龄很多。同时，视觉能力较差，口语表达、阅读理解能力都较差。通过智商测试，了解到他的智商属边缘状态，测试结果也表明其存在严重的学习障碍。

小小年纪为什么就如此冷漠呆板，如此缺乏活力？

为了弄清孩子的问题，我与家长进行了很多交流。我了解到，楠楠的父母各有自己的工作，而且都很忙，也就都没有时间管教孩子。楠楠很少得到父母的关心爱护，所以对父母也不亲。楠楠从小跟奶奶住，奶奶又是一个不善交流的人，虽然生活上把楠楠照顾得很好，却不会逗弄孩子，缺少与孩子的心灵交流。就这样，楠楠最初几年就是在这样的忽视和冷漠中生活的。可以说，就是成人对孩子的长期的忽视和漠视，让孩子出现了性格扭曲，让孩子变得冷漠呆板，让孩子的童年失去了欢乐，失去了色彩，失去了生动活泼的活力。心理咨询中发现，这样的情况为数也不少。主要是两种家庭，一种是父母都是农民工的，一种是父母都是所谓白领的。这样的家庭，不少是把孩子留给了老人，父母留给孩子的是被忽视，是心灵的隐患。有的孩子虽已长大成人，工作、恋爱却出现一系列心理障碍。

可见，父母对孩子的忽视也是一种心灵的伤害，也会导致孩子的心理问题。这也是一种"亲源性心理问题"。

专家教你这样做　让孩子感受到父母的关心

楠楠的故事警示我们，无论如何，父母都不要光顾着挣钱，忘了孩子的心灵。孩子的心灵成长需要阳光雨露。而父母给孩子的关心与温暖，给孩子的亲情，给孩子的爱，才是孩子心理健康成长最好的阳光雨露。

如果孩子已经出现了楠楠这样的问题，家长应该怎么办呢？

家长应该倾注更多的感情和精力，唤起他对情感的体验。家长应培养孩子与人交流的能力，让他体验关心别人与被人关心的快乐。比如，父母要尊重孩子，跟孩子说话要温和，要多说鼓励性的话，不管多忙也要主动关注孩子，多抱抱孩子，亲亲孩子，增加身体接触。

挣钱固然重要，但孩子的健康成长更为重要。每天三口之家至少应在一起吃一顿团圆饭；虽然工作很忙，但彼此之间要经常问候，互相关心，互相照顾；尤其对孩子的爱，要用语言和行动表达出来，让孩子明确地感受到父母的关心，并感到自己是幸福的。

家长还应教育孩子懂得被爱是快乐的，但爱别人更是快乐的。家长应教孩子学会把对父母的爱也表达出来，学会用语言和行动等各种方式表达自己的心情和感受。这样，孩子慢慢地就会重新唤醒心灵的活力。

"儿童电视孤独症"，你听说过吗？

　　我的儿子晓露5岁了，我们夫妻俩都是职场中人，因为工作繁忙经常出差，平时大多是爷爷奶奶接送晓露上幼儿园。去年暑假，晓露和爷爷奶奶呆在家里，看电视自然成了主要活动。即便是我们俩偶尔在家里，大部分时间也是电视陪伴晓露。晓露越看越痴迷，时常会在电视机前一坐就是半天，手攥着遥控器，眼睛盯着荧光屏。他看电视投入起来，对什么都不感兴趣，连吃饭都没有热情。不管是什么台，不管是什么节目，他都一律不放过，直看到神情倦怠，睡眼蒙眬，胃口不开，有时真的忘记了吃饭。久而久之，晓露变得越来越孤独，不愿见人，不愿出门，不愿多说话，不关心周围的事物，不喜欢接触小朋友，对玩具不感兴趣，不看电视就会焦虑不安；有时候勉强出门，见了人也不敢抬头，不能和小区里的小朋友玩；而且，有时候还如醉如痴地模仿电视里的人物，好像自己就是电视中的人物。

　　到了暑假结束的时候，晓露都不愿意去幼儿园了。

——晓露爸妈的烦恼

听听专家怎么说　看电视引起的孤独症

　　根据晓露的种种表现，可以确诊他得了"儿童电视孤独症"。儿童电视孤独症，通俗地说就是儿童因看电视而引起的孤独症。近年来国内外学者发现，随着电视机的日益普及，儿童电视孤独症患者日益增加，多见于3～7岁的儿童。

具体说来，儿童电视孤独症有如下临床表现：

每天长时间地看电视，让人觉得他们整天与电视为伴，而不关心周围的事物，对玩具不感兴趣，也不喜欢接触小朋友，不让看电视就会焦虑不安。

在看电视时不让别人干扰，还时常模仿电视中人物的动作语言，仿佛自己就是电视剧中的人物，甚至把电视节目中的故事情节背得滚瓜烂熟，文不对题地应用于日常生活之中，有的还出现了自言自语等反常行为。

性格孤独，缺乏生活经验，缺乏学习能力，尤其缺乏阅读能力，缺乏责任心，缺乏应付环境的能力，不能适应社会，情绪经常波动不稳。

及时矫治才是当务之急

儿童电视孤独症的危害主要表现为两个方面。

孩子社会能力的发展受阻。孩子由于处在孤独之中，常常忘了自己的存在，也忘记了他人的存在，完全陷入虚幻的情境之中想入非非。孩子积累不了多少生活经验，只能在家中生活，难以走出家门，不会与他人交往，不知道怎样对待周围的事物，也没有适应社会的能力。

孩子心智能力的发展受阻。由于左脑主要负责抽象思维，右脑主要负责形象思维，而孩子阅读时接受文字信息主要用左脑，视听时接受图像信息主要用右脑，电视视听虽然也能听到语言，但对观众来说最有意义的是图像而不是语言，因此，大脑左半球功能会削弱，从而降低文字阅读能力和抽象思维能力。

国外有研究发现，患了电视孤独症的孩子，如果不能得到及时有效的矫治，将来难以像正常人那样很好地生活。

专家教你这样做 **树立规矩：指导孩子这样看电视**

电视荧屏是社会的一个窗口，透过这个窗口，社会走到孩子的眼前来，从而帮助孩子接受社会的影响，促进身心发育。所以对孩子看电视，我们既不能放任不管，也不能关掉了事。为了发挥电视的积极作用，避免消极作用，预防孩子出现电视孤独症，家长该怎样指导孩子看电视？

制定合理规则。跟孩子一起商量制定一个看电视的规则。首先是时间上一般每天限定在半小时到一个小时，个别日子可以放宽一些。看电视的时间最好安排在晚上。此外，还应制定看电视不能离得太近，看电视应专心致志，最好不要边吃饭边看电视，早起后、睡觉前不看电视之类的规则。

选择适当内容。帮孩子选择与他们的年龄相适应的节目，如动画片、木偶片、儿童文艺节目、知识小品、智力竞赛等。凡不适合儿童看的节目，家长应坚决不让孩子看。

陪同孩子观看。父母应尽可能找空陪孩子看看电视，可以就电视节目内容和含义相互做些讨论，还可以适当作些简要提示。

引向现实生活。父母应灵活机智地把孩子的心思从电视节目引导到现实生活中来。孩子看了根据童话书改编的电视节目后，父母可以引导他去看相关的图书。如看完《动物世界》之类的节目后，可以带孩子到动物园。

增加户外活动。父母要尽可能地少看电视，有空常和孩子在一起增加户外活动，和孩子们一起游戏，散步，郊游，爬山，逛公园，给孩子提供广阔的活动空间，使他们感受到，除了电视，生活中还有许多有趣的事物，从而拓展他们的兴趣，扩大他们的活动范围，促使孩子全面健康地发展。

孩子"梦游"是怎么回事？

我儿子今年5岁了，我们发现孩子有一个毛病：孩子白天挺好的，就是晚上睡着之后，有时候迷迷糊糊地起来，在屋子里走动，有时还做一些简单的事情。第二天早上醒来，他却什么也不知道了。有人说这叫梦游。孩子最近闹了两次，我们很害怕。您说孩子梦游是怎么回事？我们需要注意什么？

——宝妈的烦恼

听听专家怎么说 / 梦游是一种活动的梦

孩子的情况确实属于梦游。有些孩子熟睡之后，会从睡梦中突然坐起来，睁开眼睛，却两眼无神。问孩子话，他回答得也含糊不清，还会出现一些日常行为，比如，穿衣服和脱衣服，开门和关门等。这就是梦游。这时孩子也能避开障碍物，可事实上，他们并不知道周围的环境。他们不会在梦游时醒来，早上也不记得自己梦游过。

其实，梦游不过是一种活动的梦，不用怕。据调查，5~12岁的儿童中30%曾至少有一次梦游，其中男孩较多。人在入睡之后，大脑并非完全处于抑制状态，有些脑细胞还处于活跃状态。脑细胞以及暂时神经联系在无意识状态下的活跃与改组，就构成了梦境。如果正好是运动区域的脑细胞活跃起来，就是梦游了。随着孩子年龄的增长，梦游一般会消失，有些成人也会出现这种情况。重要的是，梦游似乎有些异常，但并非孩子有什么心理障碍。

专家教你这样做　**保护梦游孩子的安全**

如果孩子梦游了，家长怎么办？

发现孩子梦游时，父母不要叫醒孩子。因为梦游者是很难真正醒来的，而且一旦醒来了，会觉得恐惧和迷茫。父母也不要用力碰触正在梦游的孩子，因为这很有可能会引起他的"武力反抗"，最好是轻轻地拉着他的胳膊，小心翼翼地把他引到床上去。

虽然梦游的孩子能够避开障碍，父母也应注意保护梦游孩子的安全。比如，晚上把那些可能伤害孩子的东西搬走；将窗户关好；把比较危险的物品锁起来；在孩子睡房的门上装一个铃，以便孩子打开房门时铃声能提醒父母。如果孩子的梦游较严重了，可以领孩子去看看医生。

说话结巴不可怕

我的儿子今年3岁3个月，刚刚送进幼儿园。就在孩子入园不久，我们发现孩子说话结结巴巴的，把我愁得不知怎么好。我们对孩子仔细地了解情况后，才知道孩子刚入园的时候，一次老师问话，他没有专心，答得不好，老师批评了他。他说从那以后就更不敢说话了。刚开始的时候，孩子就是有些字发音困难，现在孩子说话更困难了。我不敢催他，总是让他慢慢说，不要急。有时候他为了说一句话，要费很大的劲儿，一旦开了头，就一口气说很长很长的话，不敢停下来，弄得面部表情都变形了。孩子一说话，我们就很紧张，可是又不敢流露出来，还要劝孩子"不要急，不要急"。最近我们给孩子请了保姆，孩子只能呆在家里。后来看到了您的文章，我们就按照上面介绍的矫正口吃的办法帮助孩子矫正，可是好像越来越重了。这是怎么回事？请您告诉我，我该怎么办？怎样才能治好孩子的毛病？

——宝爸的烦恼

听听专家怎么说　孩子只是出现了口吃现象

进行了一些沟通之后我明确指出，不能简单套用我在杂志心理咨询专栏上那篇文章的方法。我那篇文章是一篇帮助来访者矫治口吃的心理咨询手记，对象是一位患了口吃的男青年，所以，其中的方法对幼儿未必适用。如同治疗身体疾病一样，心理问题的解决更讲究对症下药，必须要针对男孩的情况采取具体对策。

根据上面的情况可以判断，这个小男孩不是口吃患者，只是语言发展阶段出现了口吃现象。这从某种角度来说也是正常的。孩子在1岁半以前，属于被动性语言阶段，更多地是听懂别人说的话。1岁半以后才进入主动性语言阶段，此后的几年里，都是孩子学说话的阶段。就是说，这个男孩正处于学说话的年龄。如同成人学习某项技能，在没有形成稳定的技能之前总会有不顺利一样，孩子学说话的过程，出现一些发音不顺畅也是正常而自然的，不是病态的口吃，只能叫作口吃现象。出现这样的口吃现象，大多在幼儿2～5岁的时候。

这个男孩入园，生活的转折是一个重要诱因。面对完全陌生的环境，幼儿常常会出现一些适应上的困难，带来情绪上的紧张和压力，以及诸如师生、伙伴之间关系上的一些障碍，就会诱发口吃现象。总之，这个男孩的口吃现象不是病态，是学习说话的年龄难免出现的自然而然的语言现象。

所以，最重要的是不要给孩子定性为患了口吃。因为成人对孩子的评价会像标签一样贴在孩子身上，孩子常常会如成人评价的那样发展。所以，最糟糕的对策是轻率地给孩子贴一个"口吃"的标签。因为成人一旦把孩子看成是口吃，这种评价就会给孩子一种强烈的心理暗示，让孩子的口吃现象更为严重，从而使孩子的暂时性语言现象变成为真正的口吃。事实上，孩子身上的许多问题，都是成人不当的评价在孩子身上产生的标签效应。孩子的口吃也常常是成人轻率的一个"标签"给"贴"出来的。

专家教你这样做 ／ **最好的矫正就是不矫正**

那么怎样矫正孩子的口吃现象呢？

最好的矫正就是不矫正。对幼儿的一些口吃现象，一般不要进行什么特别的矫正。比如，孩子风风火火、急急忙忙，跟大人说起话来也是特别快的节奏，中间就有了几处"结巴"。这是孩子们的特点，说不上口吃。就是成人，几乎每个人都有"结巴"的时候。这可以叫暂时性"结巴"。孩子在2~5岁整个学说话的阶段都会出现暂时性"结巴"，这与那种习惯性"结巴"是两回事。对孩子暂时性"结巴"，可以不去管它。最要不得的对策，是轻率地给孩子贴一个"口吃"的标签，因为这样真会把孩子的暂时性"结巴"引到习惯性"结巴"上去而成为真正的口吃。

三点具体的操作性建议：

对孩子的口吃现象给予忽略。既然孩子学说话时出现一些障碍是自然现象，就不必特别关注，而应给予忽略。即便是让孩子慢慢说，也是一种关注，这种关注只能起强化作用。所以，面对孩子的口吃现象，家长最好是采取无所谓的平静淡然的态度，好像孩子没有出现口吃现象一样。顺其自然，常常很快就会淡化口吃现象。

在无意间创造轻松的心理氛围。在轻松的心理氛围中，亲子间的自然的、轻松的交流，本身就是孩子语言学习的最好环境。孩子会逐渐地说话流利起来。

积极地让孩子和同伴交往，让孩子们回到应有的天地中去。那里不仅是孩子语言发展的最好天地，而且是孩子整个身心发展的最好天地。

"装病"都是不得已？
孩子为什么要装病？

　　我的女儿欣欣5岁了，活泼乖巧，招人喜爱，我们对她百般疼爱。但是，原本健健康康的欣欣，却因为一次小小的感冒，咳嗽总不好。看过几次医生，也都没有检查出什么问题，医生给开了镇咳药，让慢慢调养。可是，转眼两个多月过去了，欣欣的咳嗽还是那样，时重时轻，时好时坏，断断续续，我们总是焦虑、担忧。再次去医院的时候，医生建议是不是考虑孩子心理方面有什么问题。

——欣欣妈妈的烦恼

　　欣欣的咳嗽为什么医生治不好？原来三个多月前，妈妈给欣欣生了一个弟弟。欣欣虽然很喜欢弟弟，可是，自从弟弟到来，全家人特别是妈妈，减少了对欣欣的关注。于是，欣欣心里萌生了一种莫名的失落感：过去自己是全家人关注的中心，现在却被全家人忽略了。欣欣知道，自己是乖巧的小姐姐，自然不能因此而哭闹，但是，许多过去会做的事情却要成人来帮忙了，比如早就会自己洗脸了，现在却非要大人给洗脸不可。两个多月前的一天，欣欣感冒了，咳嗽一声比一声重。这下，妈妈吓坏了，带她去医院看医生，嘘寒问暖。看父母围着自己转，欣欣仿佛找回了那种失落的东西，找回了那种被关注的感觉。从此，欣欣就时好时坏、时轻时重咳嗽不好了。

家长介绍说，欣欣咳嗽有个明显特点，有时候轻有时候重，比如，晚上睡着了不咳嗽，咳嗽多是发生在白天。白天咳嗽也是时轻时重，比如，妈妈照顾小弟弟越忙的时候，欣欣心情越不好，咳嗽越重；但是，欣欣玩起来高兴的时候，看电视看得起劲的时候，咳嗽就轻，甚至一点不咳嗽。在咨询会话的现场，我也观察到了这个现象。刚见面的时候，说起咳嗽症状，欣欣连声地咳嗽，但是，当谈到某个欣欣特别关注的话题时，咳嗽几乎没有了。

欣欣的父母都很奇怪：您说孩子这种咳嗽到底是怎么回事？

听听专家怎么说 **来自内心渴望关注的呼唤**

由此可见，欣欣的咳嗽属于心因性咳嗽，就是说是心理因素引起的咳嗽。

心因性咳嗽，哪个年龄的人都会出现，不过通常多见于儿童。儿童心因性咳嗽主要表现为：咳嗽多是偶然诱发，容易受暗示；多为阵发性干咳，无痰；咳嗽与季节无关，与昼夜有关，日间咳嗽，夜间很少咳嗽；专注于某件事情时咳嗽消失，常伴有焦虑症状；检查没有阳性体征，没有器质性病变；用镇咳药和抗菌药等治疗无效；咳嗽与情境有关，有的情境下咳嗽，有些情境下不咳嗽，这种对情境的选择性，是确诊心因性咳嗽至关重要的一点。

当然，心因性咳嗽绝非儿童的"专利"。比如，一位老人因为刚刚退休，没人陪伴，没人关注，成了被人遗忘的人。正好因为天冷偶有咳嗽，老伴儿嘘寒问暖，儿女也看望问候，无意间满足了被关注的心理需求，就诱发了心因性咳嗽。

心因性咳嗽，实际上不是躯体疾病，而属于躯体化现象。所谓躯体化现象，就是人遇到某些心理压力或心理困境的时候，会表现为一些躯体上的症状，通俗地说，是心病跑到了身体上。那么，心因性咳嗽莫非就是装病了？不是的。装病是有意的，躯体化现象是无意的，是潜意识里不知不觉间发生的。

所以，心因性咳嗽不是装病，是不知不觉地"扮演病人"，是一种心理防卫和心理自助。

就欣欣的情况来说，心因性咳嗽的心理根源，就在于弟弟的出生和大人的疏忽，让她感到母爱被剥夺，感到亲情缺失，从而形成了心理压力。一个几岁的孩子，怎样为自己减轻心理压力？怎样维护自己的心理平衡？感冒咳嗽引起家人关注，让她无意间发现，咳嗽可以满足自己被关注的需要。于是，咳嗽，扮演病人，成了欣欣满足被关注需求的法宝。可见，心因性咳嗽实际上是来自内心渴望关注的呼唤。

心因性咳嗽，跟其他心因性疾病一样，还常常成为"战胜"家人、自我保护的武器。所以，往往人在需要的时候才会拿起这个武器，也正因此，心因性咳嗽才有了对情境的选择性。欣欣的咳嗽，为什么时轻时重、时好时坏？就是根据情境需要潜意识选择的结果。在需要亲情抚慰的时候，在需要引起成人关注的时候，欣欣就会不知不觉拿起咳嗽这个武器，不需要的时候自然用不着这个武器了。

专家教你这样做 **心病还需心药医**

弄清心因性咳嗽的特点，就不难理解，心因性咳嗽医生治不好也就不足为奇了。所谓"心病还需心药医"，治疗心因性疾病，关键还是得从心理疏导入手。当然，最好的"医生"还是家人了。家人怎样对心因性咳嗽进行有效的心理疏导呢？

查明心理诱因。发现孩子出现咳嗽症状，当然首先要进行医学检查。在排除躯体疾病后，就要考虑咳嗽是心病跑到身体上，属于心因性咳嗽了。这时候，家人首先要做的就是查明，究竟导致心因性咳嗽的心理诱因是什么。一般说来，一家人在一起生活，彼此有较多的了解，所以，家人只要有了心因性咳嗽是心病跑到身体上这个意识，再加上留意观察分析，是不难发现这个心理诱因的。比如前面的案例，稍加引导父母很快发现，欣欣咳嗽的心理诱因就是弟弟的出生让父母疏于对欣欣的关注，也充分理解了欣欣的咳嗽就是为了引起父母的关注，是渴望父母关注的呼唤。

进行心理疏导。一旦查明了心理诱因，家人就要针对具体的心理诱因对症下药，进行心理疏导了。就欣欣的情况来说，最重要的是爸爸妈妈首先通过语言表明态度，"妈妈实在是因为弟弟太小而疏忽了对你的关注"，让她确信爸爸妈妈跟过去一样爱她。同时，爸爸妈妈还要拿出行动来，在照顾好小孩子的同时，给予欣欣必要的关注，满足欣欣对关注的心理需求。再有，给予欣欣的关注一定要是主动的，不能是被动的，就是说，不能等欣欣出现咳嗽症状了再被动地给予关注，一定要在欣欣表现正常的时候，也就是在欣欣没有咳嗽症状的时候主动给予关注。这样，咳嗽这个武器对欣欣来说也就没有用处了，从而也就更有利于淡化并最终消除心因性咳嗽的症状。在心理疏导的过程中，最大限度地激发孩子自身积极的心理自救的意识，自然是必不可少的。

消除心理暗示。既然心因性咳嗽是心理因素诱发的，是心病，解决问题就是情理之中的事了。但是，跑医院，看医生，吃药，打针，诸如此类的医学治疗过程，却反过来对心因性咳嗽有很强的心理暗示作用，很容易让孩子躲在咳嗽的症状里继续扮演病人。所以，一旦确认是心因性咳嗽，在进行心理疏导的同时，家人还要和孩子深入沟通，取得共识，坚定信念，停止一切医学治疗行为。这样，有利于帮助孩子积极主动地进行心理自救，从扮演病人的躯体化现象中走出来，彻底告别心因性咳嗽。

孩子出现问题行为，我该惩罚他吗？

　　小光是个6岁男孩。父母在外地做生意，经常不在家，小光和爷爷奶奶在一起。最近，小光常常不吃不喝，像个病人一样，闹得爷爷奶奶很是头疼，每到这时他们只好招呼小光的妈妈过来。小光的父母也不知道是怎么回事，只记得有一次他们从外地回家后，小光突然就不想吃饭，什么也不说了。

　　那次，小光妈妈关切而焦急地劝慰小光说："你不好好吃饭怎么行？那会得病的。"妈妈还专门给小光做了爱吃的饭，陪着小光吃完。此后，小光常常隔一些日子就不肯吃饭了，而且随后真的就得病了，得病了就更是不吃不喝。每到这时候，在外地做生意的妈妈就只好回来亲自关照小光。说来也怪，只要妈妈回来，小光就什么毛病也没有了。

　　孩子到底是怎么了？小光妈妈很是困惑。

　　原来，小光出生不久，爸爸妈妈就到外地去经商了。小光的幼年是在老家和爷爷奶奶一起度过的。爷爷奶奶这里还有叔叔的一个孩子，总算让小光有个玩伴儿。但是，叔叔家的弟弟每天都能见到爸爸妈妈，这让小光很不是滋味。他也想每天见到爸爸妈妈。后来，小光就要上学了，爸爸妈妈总算回到了家乡。虽然他们还是那样忙，还是没有时间经常和小光在一起，不过，小光总算能时常看到爸爸妈妈，有时候也能和妈妈在一起去逛街了。

　　一天晚上，小光无意间听到爸爸妈妈商量说，"看孩子现在的心态，过两天上学没问题了，又有爷爷接送，过些日子，我们还到原来的地方去吧。"虽然小光没有完全听清爸爸妈妈的话，但是有一点听懂了，就是爸爸妈妈又要离开他了。于是，第二天，小光又没有心情吃饭了。后来就经常如此，而且经常得病。

——小光妈妈的烦恼

听听专家怎么说 被"强化"出来的问题行为

我们可以把孩子身上出现的成人不期望的行为叫作问题行为。小光为什么出现问题行为呢？应该说是成人慢慢地"强化"出来的。

在心理学上，如果一个行为发生后，造成一个直接的、有利的结果，从而使人更有可能以后再次出现这个行为，叫作"行为强化"。这个增强了行为发生概率的结果，叫作强化刺激。心理学家桑戴克用猫的实验证明了行为强化的原理。他把一只饥饿的猫关进笼子，在笼子外面猫能看见的地方摆上食物，在笼子上安装了一个机关，只要猫用爪子击打一根杠杆，笼门就会打开。当猫刚一被放进笼子时，它做出很多种行为，比如抓咬笼子上的栏杆，把爪子从栏杆缝隙中伸出，以及试图从栏杆之间挤出杠杆，笼门打开了，猫于是能够走出笼子吃食了。每一次桑戴克将饥饿的猫放进笼子，猫都用更短的时间击打杠杆打开笼门。最后，桑代克只要一将猫放进笼子，它就马上去击打杠杆。因为这个行为在此之前导致了一个直接结果——逃出笼子和得到食物。逃出笼子和得到食物，就是对猫击打杠杆的行为起到强化作用的结果。

对人来说，这个作为强化刺激的结果，可以是任何东西——食物、金钱、语言、表情而被人关注，往往就是一个很好的强化刺激。回到小光的行为上来，最初不想吃饭，只是因为不愿妈妈爸爸离开而出现的一个偶然行为。他没想到的是，这个行为得到了妈妈的关注这样一个很不错的结果，于是他的行为被强化了。于是，只要他想见到妈妈并得到妈妈的关注，就不知不觉地出现了不吃不喝进而得病的行为。就是这样，孩子的一个行为只要得到成人的关注，哪怕是呵斥责骂，也会像得到奖励一样。孩子身上的许多问题行为，都是这样被成人的关注"培养"起来的。我们可能认为亲子之间孩子是被动者，其实，孩子往往就是这样"主动"地控制着成人。至于小光随着不吃不喝而得病，是当初妈妈的那句话的暗示作用导致的躯体化现象，是"扮演病人"，根本不是病。

专家教你这样做 矫正孩子要适当地"不再关注"

面对小光的问题行为，该怎么办呢？

很简单，反其道而行之，既然小光的问题是行为强化的结果，就需要采取"行为消失"的矫正对策。所谓行为消失，是指如果一个行为不再导致具有强化作用的结果，个体就会停止这个行为。继续前面的动物试验，当猫击打杠杆不能再得到食物的时候，击打杠杆的行为就会慢慢地消失。就小光的行为说，矫正的办法就是在小光不吃不喝的时候，成人要克制自己，不让小光在此时得到被关注这一结果。

小光的妈妈采取了行为消失的矫正对策，在小光出现不吃不喝的行为时不再去关注他。但是，似乎更严重的问题出现了——小光更强烈地表现出不吃不喝，病症好像也更严重了，而且还有强烈的消极情绪。怎么办？这是行为消失过程的一个规律，就是一旦行为不再得到强化，它的频率、持续时间或强度，经常在这个行为减少或消失之前有一个暂时的增强过程，比如前面的动物实验中的猫，会更强烈地击打杠杆，这叫作"消失前的爆发"。消失前的爆发中的异常反应，还包括强烈的情绪反应。此时如果停止使用行为消失的矫正措施，那么，不仅会前功尽弃，而且还会使相关行为表现得更为强烈。小光的妈妈领会了这个道理，终于咬住了牙，使行为矫正顺利进行下去了。

小光的行为消失好长一段时间了。小光妈妈刚刚要感到心安，忽然的一天，小光的行为再一次发生了。这也是行为消失中的一个规律，行为在停止发生一段时间后会再次发生，这叫作"自然恢复"。如果此时行为得到了强化，那么行为消失措施将失去效果，使行为出现反弹，今后矫正起来就更加困难。如果此时做到不让行为得到强化，那么，相关行为不会持续多久，最后就会彻底消失了。正是小光妈妈的持之以恒，最终使小光告别了不吃不喝扮演病人的行为。

当然，类似小光的行为也有其合理性。父母应该适当满足孩子的合理需求，给孩子必要的关注。这是问题的另一面。这里我们只是强调，不要在孩子出现带有要挟成人的行为时去给孩子以"关注"，以免无意间"强化"孩子的问题行为。

让孩子的社会化发展得更顺利些

娜娜出生时，由于早产，体重不足2.5千克，在医院住了两个多月才回家。在以后的日子里，她经常生病，成了医院的常客。

自从有了这个宝贝女儿，我就辞去工作，专心在家照顾她，还为她请了个保姆。爷爷奶奶和姥姥姥爷也轮流看护她。娜娜经常生病，每次都病得很严重。一阵凉风吹来，她就开始流鼻涕，很快就会发烧，最后转成肺炎，住进医院。经历几次之后，一家人把防止她生病当成了头等大事。

首先是不能让娜娜哭，因为她一哭就会生病，生病就会转成肺炎。为此，应该有3年幼儿园学龄的她，上幼儿园的时间前后加起来也不足10天。因为每次把她送进幼儿园的努力，都以怕她哭出病来而终止。

娜娜的房间不能开窗户。开窗通风，要先把她安顿到其他房间。夏天，空调不能太凉；冬天，房间不能太热。即便如此，偶尔娜娜还是会得病。如果一两个月没得病，全家人都会欣喜万分。

转眼，娜娜6岁了，我们为娜娜提供了许多玩具和书籍，期望她聪明、健康、快乐、学习好就可以了。可是，在幼儿园里，娜娜的问题就表现出来了——不会自己吃饭：左手用勺盛饭，右手帮忙抓菜，总是最后一个吃完，还把饭菜洒满桌子；不会排队：老师让小朋友排队学做操，她站在那里不动；听不懂"命令"：老师让写字，她发愣；老师上课，班长喊"起立"，别人都起立，她坐着，等同伴都坐下的时候她还在站着。

老师试图与娜娜交流，交流的结果让老师有了惊奇的发现：原来娜娜不

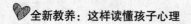

知什么是"要求"，为什么要"遵守"，当然也就不会按要求完成任务了。原来，娜娜的心灵没有成长起来，什么也不懂，什么也不会……

——娜娜妈妈的烦恼

听听专家怎么说　社会化过程受到阻碍

看了娜娜的故事，也许很多家长朋友会想到，娜娜的家长正在培养一个"废人"。真的，按他们这种教育方式，如果孩子连生活都不能自理，社会活动的基本规范一概不知，她长大能够"聪明、健康、快乐、学习好"吗？不用说这些希望会成为泡影，就是正常的生活也成问题了。连生存都会成问题，还谈什么学习好？除非她永远在家里做"公主"，只要她走出家门，就会收获一堆挫折和烦恼。

用心理学的话说，娜娜的问题在于社会化过程受到阻碍。所谓社会化过程，是指一个人接受社会经验、道德规范，逐渐养成与社会一致又具有自身特点的行为习惯和人格特征等，以适应社会要求，成为社会合格成员的过程，也就是一个人由"自然人"成为"社会人"的过程，用通俗的话说，就是一个人真正长大成人的过程。娜娜就是没有很好地经历这一过程，因而很难真正长大成人，继续下去很可能成为一个"废人"。

专家教你这样做　爸妈要放手，让孩子锻炼生活能力

面对这种情况，家长应该怎么办呢？

我们已经看出，娜娜的社会化过程受到阻碍，主要怪娜娜的家庭，怪娜娜的父母。家长过分地关照和保护，让孩子没有学会自理，没有学会自立，没有

学会生活，没有学会同龄人应有的生活能力。娜娜家长如此众星捧月般对待孩子，只能使孩子不能适应幼儿园的生活，将来还很难适应学校生活，因为在外面，大家不可能像在家里那样宠着她。

心理咨询中，常常遇到这样体弱多病、存在很多心理问题的孩子。对待这样的孩子，家长确实更多一份不容易。当然，孩子从小体弱多病，家长应该多一些照顾，多一些关怀。然而，这种照顾和关怀千万不要过分。父母一定要有梯度地让孩子适应社会和生活。

回到娜娜的问题上来，眼下当务之急，首先是大人们先开一个家庭研讨会。大家转变观念，统一认识，统一步调，争取早日让孩子锻炼生活能力。然后，对孩子说明道理，用孩子能弄懂的方式让孩子锻炼自己。最后是从妈妈做起。凡是孩子自己能做的，妈妈就要让孩子自己试着做，不要包办代替。一句话，家长需要狠狠心。这才是对孩子的深爱。

孩子多动是得了"多动症"吗？

我的儿子小涛刚满5岁，是个漂亮的男孩，很让人喜欢。但是，小涛有一个毛病，就是特别好动，手脚闲不住。我带他去朋友家串门时，一进门他就像飞舞的蝴蝶，伸开双臂绕房间飞跑了几圈，口里还发出各种叫声。别人问他话，他爱理不理的，眼睛也不看对方，注意力很不集中。他的自控力也差，肢体动作不协调，比如，做事情总是拖拖拉拉，情绪也经常紧张、急躁。我该怎么办呢？

——小涛妈妈的烦恼

通过心理咨询和心理测验，我发现小涛注意力的集中性和持久性都达不到同龄人的水平，口语表达能力和理解能力也都比较差。还有，小涛的握笔姿势也不正确，常发生笔顺错误等严重的学习障碍。而且，小涛还不会与人交往，在幼儿园没有要好的朋友。

听听专家怎么说 以多动来释放心理压力

小涛为什么出现这样的异常情况？

也许有的朋友想到了多动症。不错，小涛确实有些多动，但不是多动症，心理咨询中经常遇到这样的案例。孩子多动的情况很多，不能简单地都归结为多动症。那么，小涛为什么多动呢？通过与小涛妈妈的沟通和交流，我发现原来问题的根源在家长身上。心理咨询会话中发现，小涛妈妈的情绪也存在明显的紧张、急躁特征，而且心理反应敏感，内心压力很大。

小涛妈妈为什么有这样的心态？原来，小涛爸爸常年在外地工作，很少能一家人在一起。平时，家里只有小涛和妈妈在一起生活。于是，小涛成了妈妈关注的重心。这种情况下，自然关注就会过度。过度地关注本身，就会让人心神不安。而且，小涛在成为关注重心的同时，也成了妈妈情绪释放的焦点。妈妈的情绪直接影响着小涛的情绪，导致了小涛的躁动不安。同时，爸爸常年不在家，妈妈一个人带孩子，肯定会有心理压力。妈妈的压力无形中又转嫁到了小涛身上。

一个孩子面对这样的影响能够怎样？小涛只能无意中以多动行为来释放心理压力了。同时，由于过度关注和母子依恋，小涛的人际交往能力以及其他一些能力没有得到很好的发展。当然，这都是小涛妈妈完全没有意识到的。

专家教你这样做　**孩子的问题就是父母的问题**

面对这样的情况，家长该怎么办呢？

妈妈要进行自我心理调整。孩子出生后，接触最早的是父母，模仿的对象也往往是父母，给自己影响最大的也是父母。从这个意义上说，孩子的问题就是父母的问题。小涛的问题正是这样。因此，妈妈应该赶紧进行积极的自我心理调整，比如增进人际交往，拓展生活空间，化解心理压力，这样对待孩子就比较心平气和，就会给孩子良好的影响。同时，妈妈应根据孩子的身心发展规律，用稳定的心态面对他，不要把自身的负面情绪转移到孩子身上，改善亲子关系和家庭气氛。

对孩子进行心理调整。家长应在自我心理调整的基础上，再对孩子进行有针对性的心理调整。比如，妈妈应多找时间和孩子平静地交流，引导孩子把心里话说出来，减轻压力，缓解情绪，稳定心态，这样，有助于孩子逐渐地淡化多动的行为。再如，引导孩子多和同伴交往，把伙伴请到家里，或者把孩子放出去，交往多了，孩子的心态得到了调整，能力也得到了提高。

让男孩像一个男孩

    我的儿子萧雅是个男孩，却因为这个名字常常被幼儿园的伙伴们取笑，总有些小朋友追着喊他"小丫"。其实，萧雅不仅仅名字像女孩，不知道的人看到萧雅，都会认为他是个女孩。萧雅从小就总是一身鲜艳的花衣服，头上还扎两个小辫，经常和女孩子在一起玩，说话也像个女孩子一样轻声细气。后来，上幼儿园了，虽然头上的小辫没有了，身上的花衣服也没有了，但是，萧雅还是喜欢和女孩子在一起玩，说话做事还是像个女孩子。

    起初，我们夫妻俩也没在意，觉得一个小娃娃扎个小辫，穿个花衣，逗弄起来挺好玩的，后来习惯了也就没当回事。直到有一天，萧雅因为同伴取笑第一次回家来哭哭啼啼，我们似乎才意识到这是个问题，才开始了心理咨询。

——萧雅妈妈的烦恼

听听专家怎么说 · 警惕男孩的女性化倾向

    在家庭教育和心理咨询中，时常发现这样的情形：有的男孩没有男孩的样子，心态与行为反而像个女孩子；相反，有的女孩没有女孩的样子，心态与行为反而像个男孩子。这种现象在心理学上叫作性别角色倒错。从萧雅的表现看，虽然还不能说性别角色倒错，却已经存在这方面的危险苗头。性别角色倒错的危害是严重的。如果恶性发展，会导致孩子主观上不接受自己的性别角色，出现性别认同障碍，严重了甚至会出现异装癖、易性癖等性心理障碍，从而给孩子造成很多苦恼，甚至失去了一生的幸福。因此，我们应该对这个问题给予足够的重视。

让男孩子像个男孩子，让女孩子像个女孩子，这是形成孩子健康的性别角色意识所必需的。这不是一个纯粹的自然过程，而是需要父母的教育和帮助的。

这里有一个问题要弄清楚。我们说防止孩子出现性别角色倒错，是为了帮助孩子形成健康的性别角色意识，不是说男女孩性别角色特征是完全互相排斥的。恰恰相反，我们还应该引导男女孩在发挥自己"性别"优势的同时，注意向异性学习，促进人格的完善。比如，男孩应多多学习女孩的细心、善于表达和善解人意，女孩则应多多学习男孩的刚毅、坚定和开朗。这也是健康的性别角色意识的应有内涵。就是说，健康的性别角色是既有自己的性别角色优势，又兼有异性的某些良好特征。

而我们说的性别角色错位，是指没有了自己的性别角色优势，却扮演了异性的角色特征。这是我们所要防治的。

专家教你这样做 用适合的性别规范培养孩子

为了预防孩子出现性别角色倒错，家长应该怎么办？

父母不必要求两种性别的孩子有同样的行为标准，而应在孩子很小时就用适合孩子性别的行为规则来培养孩子，这是孩子形成健康性别角色意识的关键。父母必须特别注意，不要因为自己没有女儿，失望中将儿子女性化。一个男孩子，如果穿起花衣服，扎起小辫或把头发卷成花，可能在成人看起来显得很漂亮可爱，但在他的玩伴中，肯定将被看作一个女孩气的男孩。应该容许男孩子淘气一些、粗犷一些，甚至粗野一些，因为他们的精力比较充沛，社会也需要这样的性别角色特征。母亲要避免培养男孩子的女性行为，不要给他们取女孩名字，不要给他们做女孩子打扮，不要希望他们像女孩子那样温顺安静。

同样，父母也不要因为没有儿子而把女孩当男孩养。虽然一个女孩形成男孩似的性格比一个男孩成为女孩气的男孩，心灵受到伤害的可能性较小，但是，也应该帮助她形成正确的性别角色意识。女孩需要感到自己成为一个女孩子是被人喜爱和重视的，这种感觉最好由母亲来转达。父亲也应该称赞他女儿的容貌、衣着，以及女性的行为特征。

但是，我们又不必搞得泾渭分明，不能限制男女孩的交往和相互学习。学前的男女孩很想玩同样的玩具和游戏，是应该允许的。在这个年龄，没有必要在男女孩的游戏之间画一条明显的界线。比如，学前的男女孩都喜欢玩娃娃，喜欢玩当妈妈的游戏。父母不必见到一个5岁的男孩给娃娃喂饭就感到吃惊，甚至打骂，因为在这个年龄这是很自然的。再有，不少性格、气质特征，如热情活泼、独立自主、坚忍不拔、富有责任心、善解人意、无私善良等，应是男女都须具备的。

此外，家庭"父—母—子"三角关系，对于孩子的性别角色心理也有很大影响。

如果这个三角关系中，母亲方面的因素太强，即母亲颐指气使，父亲言听计从，从而形成了母亲决定一切的家庭关系，对孩子的性别角色认同也是不利的。因此，父母各自扮演好性别角色，对孩子性别角色的确定是非常重要的。在这种和谐的家庭气氛中，孩子才有可能细细观察，用心体会父母如何完成其各自的性别角色行为，从而不断调整自己的行为特征，以符合自己的性别角色。

通常，注意了上述的问题，孩子就可以形成健康的性别角色意识了。如果家庭教育已经有所失误，孩子的性别角色心理已经出现严重的倒错，那么，就需要及时寻求心理咨询或心理治疗了。

第六章

让孩子爱上幼儿园

——要入园的幼儿心理

孩子要上幼儿园了，家长要做什么准备？

孩子上幼儿园会遇到什么麻烦？

孩子出现分离焦虑怎么办？

如何顺利度过入幼儿园的第一天？

孩子入园后适应困难怎么办？

孩子入园总哭闹怎么办？

孩子总拒绝别人的帮助怎么办？

孩子住宿幼儿园好不好？

……

孩子要上幼儿园了，家长该怎么办？

孩子要上幼儿园了，我该做什么准备？

我的小宝贝要上幼儿园了。孩子入园后的生活与在家里的生活有哪些不同？我要提前做好哪些准备？

——宝妈的烦恼

听听专家怎么说 改变，就是成长的开始

孩子从家庭走进幼儿园，他面临的生活确实会有很大的改变。

生活规律发生变化。幼儿园有相对固定的一日生活时间表，什么时候吃饭，什么时候洗脸，什么时候上课，什么时候起床，都会有规定。孩子在家中的生活规律并不一定与此相符。有的家庭生活作息比较随意，一切以孩子的意愿为中心；有的孩子有一些不良的生活规律和习惯，如早上睡懒觉；有的孩子则精力旺盛，没有睡午觉的习惯，有些孩子就是因为怕在幼儿园睡午觉，而不愿意去幼儿园。因此在入园之初，孩子会不习惯固定化的生活制度。此外，幼儿园的饮食也和家中不同。一些孩子在家中养成了挑食、偏食的不良饮食习惯，到幼儿园后不愿意吃这，不愿意吃那。还有的孩子在家中从来不喝白开水，而幼儿园提供的饮水都是白开水，这都会让孩子不适应。

人际关系发生变化。孩子入园之初，见到的教师和小伙伴都是陌生的面孔，容易使孩子感到不安全。更重要的是，幼儿园是集体教育，也就是说，一

位成人要负责照顾好多孩子。孩子不可能像在家里一样，得到一对一甚至是几对一的无微不至的关怀和照顾。许多孩子在家中睡觉时要有大人陪伴和哄睡，而在幼儿园则要独自入睡，这会让孩子在入园之初感觉好像失去了亲情和温暖。此外，孩子在幼儿园会不可避免地处于一种竞争的环境之中，像如何获得教师对自己的注意和关怀，如何占据自己喜欢的玩具，等等，这些都会让孩子在入园之初感到不知所措。

生活环境发生变化。孩子在幼儿园的主要活动空间是活动室，这与家里的环境也是大为不同的。当孩子初次踏入活动室时，活动室的环境对他来讲是新鲜的，也是完全陌生的。无论是桌椅的摆放，还是设备的样式，都与家中的不同。这会让孩子感到好奇和新鲜，同时也会引起恐慌和不安。有的孩子在家中大便时是用坐式的尿盆或者抽水马桶，而幼儿园则是蹲式的，孩子就会感到不适应而引起心理上的压力。

要求标准发生变化。在幼儿园中，教师要求孩子具备一定的独立和自理能力，包括自己吃饭喝水，自己穿衣裤，自己上床睡觉，自己和伙伴游戏，控制大小便等。这些要求很可能比入园前家长的要求提高了。这种变化也会使孩子感到一种压力，一时难于适应。

专家教你这样做 **请给孩子适应的时间**

这些生活变化，需要孩子有一个适应过程。为了帮助孩子更好地适应入园后的新生活，家长应该做好相应的指导工作。

入园前帮孩子做好入园的心理准备。如孩子该入幼儿园了，家长要提前一段时间按照与幼儿园相衔接的要求，训练孩子改变生活习惯，像入睡时间、起床时间等。

入园后帮孩子做好入园的心理调适。家长应该多给孩子心理支持，多给孩子生活指导，从而促进孩子化解入园的适应困难，缩短入园适应期，早一天让幼儿园变成孩子的乐园。

拥抱孩子的分离焦虑

我的儿子3岁，今年新学期就要去幼儿园了。但是，孩子很怕去幼儿园，大人每次提起送他去幼儿园，他都会表现得非常抗拒，有时候还会发脾气，又哭又闹地说不去。请问孩子为什么会这样？我们家长该怎样进行引导？

——宝妈的烦恼

听听专家怎么说　分离焦虑是一种消极的情绪体验

孩子害怕去幼儿园，大多是由于分离焦虑所致。所谓分离焦虑，是指孩子与亲人分离而引起的不安或不愉快等焦虑反应。

分离焦虑是孩子离开母亲时，可能出现的一种消极的情绪体验。最亲近的人从视线中消失了，孩子会一下子不安起来：妈妈在哪里？我要找妈妈！孩子会用喊叫、哭闹来表达自己的焦虑，呼唤妈妈的出现。出现分离焦虑的孩子，一般表现为与亲人分离期间焦虑不安，还可能出现恶心、呕吐、腹泻、手脚冰凉、浑身发抖、哭闹、脾气大、进食受影响等身体症状。这时候，孩子的心理活动主要是，担心亲人一去不返，或者是担心亲人发生危险。分离焦虑一般可为三个阶段：反抗阶段——嚎啕大哭，又踢又闹；失望阶段——仍然哭泣，断断续续，吵闹减少，不理睬他人，表情迟钝；超脱阶段——接受外人的照料，开始正常的活动，如吃东西，玩玩具，但是，看见母亲时又会出现悲伤的表情。孩子要开始幼儿园生活，就要与亲人分离，面对一个完全陌生的环境，就容易出现分离焦虑，严重了就会导致分离焦虑症。

分离焦虑是一种消极的情绪体验

环境因素。孩子从家庭走进幼儿园，面对的生活有了巨大的改变。这些变化往往会让孩子感到焦虑，难以适应。

家庭因素。如果家长平时不娇惯孩子，注重孩子独立能力的培养，鼓励孩子探索新环境和与新伙伴一起玩，孩子入园的适应期就较短，情绪问题也较少。而那些被娇宠溺爱的孩子，则需要较长的适应期，分离焦虑就严重。

个性因素。在入园之前有与家长分离经验的孩子，比较容易适应幼儿园的生活。性格外向、活泼、大胆的孩子，则要比那些性格内向、安静、胆小的孩子更容易适应幼儿园的生活。

年龄因素。孩子年龄越小越容易出现分离焦虑。所以，一般来说，孩子不到3岁，家长不要急于把孩子送到幼儿园。因为3岁之前，是孩子与父母之间建立安全性依恋关系的关键时期。如果安全性依恋关系确立，孩子拥有安全感，父母与子女之间建立充分的信任，有良好的亲子关系，孩子在未来也会表现出良好的社会适应性。如果非安全性关系一旦确立，除了会影响亲子关系外，最重要的是会影响孩子成人后的社会适应性，以及对世界和他人的信任感。这样的孩子更容易表现出分离焦虑症倾向，而在进入中小学阶段也容易出现学校恐惧症，很多时候，学校恐惧症是分离焦虑症的延续和后继表现。

专家教你这样做 **成为孩子情绪的后盾**

孩子第一次进入幼儿园，毕竟是第一次离开了熟悉的家庭环境，离开熟悉的爸妈，进入一个陌生的地方面对陌生的人，并且还要逐渐学会独立照顾自己，出现一定程度的分离焦虑是正常的。家长不必过于担心。但是，家长又应该做好如下工作，以便帮孩子做好入园的心理准备，减轻或化解孩子的入园分离焦虑。

经常以轻松愉快的方式聊起幼儿园的事情。有的家长在孩子哭闹的时候，常以"你再哭闹，现在就让你上幼儿园"来吓唬孩子，这做法是极端错误的。因为这样反而强化了孩子"幼儿园不好"的印象，让孩子更怕去幼儿园。家长应该常跟孩子这样说：你入幼儿园后，会有很多小伙伴和你一起玩，幼儿园有很多游戏可以让小朋友们一起做，等等。这样可以培养孩子对幼儿园的向往之情。

增加孩子对幼儿园的良好感性经验。在入园前，家长就应经常带孩子到幼儿园周边走走，让孩子去看看里面的游戏设施，看看小哥哥、小姐姐怎样快乐地活动，告诉孩子将来他可以在这里玩得很开心。这样，可以培养孩子对幼儿园的熟悉感和亲切感。

和孩子一起为入园做一些准备活动。家长可以带孩子去买一些将来可能用到的文具，让孩子去选择一个他喜欢的小书包，带孩子买一件入园穿的新衣服，等等。这样可以增加孩子对未来幼儿园生活的美好憧憬。

让孩子在游戏中来体验"分别"。在孩子的世界里，他们还不大理解分别的概念。为了让孩子在入园时正确对待与家长的分别，家长可以陪孩子玩"消失"的游戏。比如，把皮球滚到沙发底下，对孩子说："皮球不见了，我们来找找。"等孩子找到了，对孩子解释说："刚才皮球虽然不见了，但是你看，它就在沙发底下，就像妈妈送你去幼儿园，只是暂时见不到妈妈了，但是妈妈还会回来的。"这样的游戏，可以帮孩子理解事物的永恒性，知道妈妈虽然不在眼前，但是不久会回来的。

帮孩子把依恋感部分转移到物品上。如果孩子依恋感较重，在孩子入园的最初几天，家长可以给孩子带一些在家里经常使用的物品，比如一个小玩具、一本图画书，等等。这些让孩子感到亲切的物品，可以把孩子对家长的依恋部分地转移过来，从而淡化孩子的分离焦虑。

家长做好心理准备。孩子上幼儿园，无论是爸爸妈妈，还是爷爷奶奶或者姥姥姥爷，谁负责日常照料孩子，谁都会为孩子离开自己而感到失落。有时候，孩子没有出现分离焦虑，大人反倒先出现了分离焦虑。在现实中我们时常看到一些家长初送孩子入园时与孩子抱头大哭的场面。家长这样焦虑，孩子怎么能不焦虑？所以，如果孩子到了入园的年龄，家长要做好自我心理准备，要相信孩子能够适应新的生活，相信孩子会在幼儿园快乐成长。这才是对孩子最好的帮助。

不是孩子不乖，是他不适应

我的孩子马上就要上幼儿园了。听过来人说，很多孩子刚入园都有些"水土不服"，吵着闹着不上幼儿园，会有很多麻烦。家长把孩子送到幼儿园，有的孩子不让妈妈走，还有的甚至会假装生病，不是这不舒服，就是那不舒服。请问，孩子入园都会遇到哪些麻烦？我们当父母的该如何帮助他呢？

——宝妈的烦恼

听听专家怎么说 情绪反应与躯体反应

孩子新入园，要面对新的活动空间，要适应团体生活，要接触不同的人，并且要长时间与家人分离。这么多的生活变化，往往让孩子一时适应不了。于是，孩子就会出现种种让人感到麻烦的表现。这些表现大多是情绪上的，如哭闹、焦虑，等等，有的还会出现躯体反应，严重的真的会生病。

我们前面谈过了孩子入园的生活变化和分离焦虑，这里，就来具体谈谈孩子入园会遇到的麻烦，以及家长的对策。

专家教你这样做 教孩子与情绪做朋友

孩子新入园遇到的麻烦很多，需要家长按具体情况具体处理。

孩子哭天喊地不入园。孩子刚到幼儿园，有的会哭天喊地地闹，还有的抱着家长的腿，弄得家长手足无措。遇到这种情况，父母要知道孩子的哭是给大人看的。因此，父母每次送完孩子后要赶紧离开，爸爸妈妈走后，孩子大多会停止哭闹，因为老师有许多平息孩子情绪的方法。只要孩子不生病，家长就要坚持将孩子送幼儿园，千万不要因为孩子的哭闹而中断。这样，孩子慢慢就会习惯了。

孩子回家后大发脾气。有的孩子从幼儿园回家后，变得爱发脾气，闹情绪。遇到这种情况，父母要知道，孩子初入幼儿园，对一些规矩难以适应；回家后，孩子就有了放松之感，发一点小脾气也很正常。所以，当孩子发脾气时，家长先不要去管他，让他把脾气发出来，然后再去安抚，并讲清道理。如果孩子哭闹得异乎寻常，家长要主动与老师沟通一下，向老师了解孩子的情况。如果没什么原因，家长千万不要一味迁就。但孩子哭完，要给孩子点水喝，以免上火。

孩子自理能力差。有些家长对孩子太溺爱，以致孩子连吃饭、穿衣、上厕所都不会自理。遇到这种情况，家长应有意识地培养孩子的生活自理能力，要试着让孩子自己上厕所，自己穿衣服，自己吃饭。另外，家长还要教孩子说一些日常生活用语，使孩子能较清楚地表达自己的意愿，如"饿了""渴了""热了""上厕所"，等等，并让孩子明白，有事情要敢于大胆地告诉老师。

孩子午睡难入眠。有的孩子不习惯在幼儿园午睡，自己没睡好，还影响了其他小朋友。遇到这种情况，家长可以给孩子带一个他最心爱的宠物玩具，让孩子抱着它睡觉，可以减少孤独感。如果孩子实在不能午睡，家长可以和老师事先沟通一下，在小朋友午睡的时候，让他帮老师做点事情。

孩子不会交朋友。入园前跟小朋友接触少的孩子，入园后难以融入到小朋友之中，不愿参与群体游戏，表现比较孤独。遇到这种情况，家长可利用一些时间，让孩子认识本班的一个或者几个小朋友，互相介绍后，鼓励孩子在一起拉拉手，玩一玩。家长还可以主动请老师帮孩子介绍一个合适的朋友。在家的日子，家长要尽量找一些小朋友跟孩子玩，培养孩子的群体意识。时间一长，孩子熟悉了幼儿园，朋友就会多起来，也就愿意上幼儿园了。

入园第一天至关重要

今天是孩子第一天上幼儿园，昨晚本想让他早点睡，可因为要上幼儿园，孩子兴奋得到晚上11点左右才睡着。我也很兴奋，把孩子哄睡着了，还是一点睡意没有，总担心自己漏了哪一样没准备好。想着小家伙天亮就要上幼儿园了，心中还是有点担心。

也许是第一天上幼儿园，孩子的情绪很不错，一路上都挺开心的。我把孩子送到小班门口，孩子有点怯生生地进去了。我的心正悬起来的时候，里面传来了儿子的哭声。接待我们的老师叫我们先回去。这时候，我只感觉心里酸酸的。最后，我一咬牙，一狠心，总算走了出来。偷偷回头看儿子被老师抱着，真的哭了几声就没事了，我这才松了一口气。

回到家里，满脑子都是儿子的影子，总担心他习惯了妈妈在身边，突然看不到妈妈会不会哭得很厉害。

下午，我去接孩子。小班屋里已经剩下4个孩子了，儿子呆呆地坐在那里。看我进来了，他脸上有了笑脸，喊着"妈妈"，跑过来抱住了我，我也紧紧抱住了儿子……

——宝妈的烦恼

听听专家怎么说 良好的开端是成功的一半

孩子上幼儿园的这一天终于来到了。这一天是孩子的人生开始走向社会的第一步，对爸爸妈妈来说，是孩子离开自己的怀抱迈向未来的第一步。一家人都是既兴奋又有些担心。兴奋的是，孩子要长大了，要上幼儿园了，多么新鲜的感觉啊！俗话说，良好的开端是成功的一半。孩子入园第一天，对孩子能否顺利适应幼儿园的新生活举足轻重。第一天遇到麻烦，后面的适应过程就会多一些阻碍；第一天顺利，后面的适应过程就会更顺畅。因此，为了孩子顺利地走好第一步，我们应该尽力帮孩子过好入园的第一天。那么，怎样帮孩子顺利度过入园第一天呢？

专家教你这样做 大声告诉孩子上幼儿园真好

入园前一天晚上都准备什么？ 入园的前一天晚上，大多数孩子都比较兴奋。因此，家长晚上要以孩子的入园准备为主，尽量不安排其他应酬。家长可以睡前和孩子一起准备好去幼儿园的物品。尽可能地准备好两身外套，以便第二天孩子多一个选择，让他感到受到了尊重，去幼儿园会更顺利一些。

在睡前，家长可以和孩子聊会儿天。多数孩子睡前喜欢和爸爸妈妈聊天，这一晚你们可以再聊聊上幼儿园有多好：幼儿园有许多玩具，有许多小朋友……但是，家长不要太兴奋，以便让孩子早点睡觉，第二天能精神饱满。

早晨起床后应该做些什么？ 早晨起床时，家长最好让宝宝在自然状态下清醒，否则，他会因没睡醒而情绪变坏，或无端地发脾气，使入园第一天遇到麻烦。

这一天，起床后的早餐必不可少，千万不能随便将就。家长为孩子做一顿丰盛的早餐，可以让孩子觉得美好的一天开始了。

早餐后，出门前，要让孩子大便。及时大便，这不仅是生活的好习惯，同时在这重要的一天，也是极其必要的一个环节。因为憋着大便会使孩子烦躁不安的，让入园第一天平添麻烦。

走在路上和孩子谈什么？ 家长最好带孩子稍微早一点到幼儿园。这样，有利于孩子从一开始就养成不迟到的好习惯。

走在路上，家长应该和孩子谈点高兴的事情。如果孩子愿意谈幼儿园，你们可以谈论他心目中的幼儿园，或者用赞美的语言来激励他：宝宝真了不起，今天要上幼儿园了！如果孩子不想谈幼儿园，可以谈一些其他高兴的话题，如游乐场、动物园、游泳、动画片……

来到幼儿园要注意什么？ 家长自信而快乐地带孩子进入幼儿园，这本身就传达给孩子一个最宝贵的信息：我们信任这个地方。家长带着孩子进幼儿园，进入他的班里，这个过程可以提醒孩子问好。但是如果孩子已经开始紧张了，就不必非强迫孩子有礼貌，那样会让孩子更紧张。

家长找一个已经适应幼儿园生活的小朋友，让他带着孩子一起玩，或者让孩子与熟悉的邻居伙伴在一起，会冲淡一些孩子的陌生感，让孩子早一些放松下来。

在孩子的班里，家长可以在不影响老师带班的情况下，看孩子的情况决定是否留下来陪一小会儿。如果家长在时孩子很安静，就可以一边陪他一边说："一会妈妈再走。"如果孩子一直哭个不停，家长在场也不能缓解这个局面，那还是果断地离开吧，因为有家长在场，他会哭得一发不可收拾的。

离开幼儿园时要做什么？ 家长离开幼儿园时，应该正式和孩子告别，并告诉他几点来接他。如果孩子哭闹，家长要告诉他哭闹也不管用。家长离开时，不要一步三回头，不要躲在墙脚或门后看，更不要因为孩子哭闹，一时心软就把他带回家。家长放心地离开幼儿园，对孩子来说很重要，这意味着妈妈信任这个地方。

如果是全职妈妈，回到家里没了孩子，显得空荡荡的，难免坐立不安，无心做事。上班族的妈妈，也难免心还在孩子身上。如果实在太想知道孩子的情况了，不妨给老师打个电话，千万别和孩子直接见面。

接孩子时要注意什么？ 孩子刚入园，面对新环境和新生活，难免会产生焦虑心理。为减轻孩子的心理压力，第一天入园，家长可以早一点去接孩子。

幼儿园大门一开，家长就可进到班里接孩子了。这时，老师会告诉家长孩子一天的大致情况。如果老师在接待别的家长，来不及和你沟通，没关系，不管今天孩子表现如何，都是最棒的。因为他第一天离开爸爸妈妈，离开家，第一次走向了社会，这是值得纪念的一天。

如果孩子看到家长来接，哇哇大哭，仿佛受了多大委屈似的，家长决不能焦急地询问。家长那样问会让紧张的情绪感染孩子，让孩子更紧张。这时候，家长应该把孩子抱在怀里，让孩子慢慢安静下来。

回到家中要注意什么？ 孩子上了一天幼儿园也累了，家长可以陪他聊一聊幼儿园今天都发生什么事情了，说一说认识了哪些小朋友。这样可以强化孩子的信心——幼儿园真好！

第一天上幼儿园，孩子也许晚上睡得不安稳，甚至突然醒了并大哭："妈妈，我不上幼儿园。"如果这时妈妈也哭着说："好了宝贝，明天咱们不去了啊，睡觉吧，乖乖。"就等于告诉孩子"你失败了"。这时候，家长不要着急，要好好安慰孩子，第二天一定要坚持送幼儿园。

孩子入园第一天，就这么紧张地度过了。回家后家长切记，不要给孩子提太多的问题：幼儿园好不好？老师好不好？家长这一天需要的态度就是四个字：高兴快乐。这是传递给孩子的最好的积极信息：上幼儿园真好。

这样挖掘孩子的潜能就对了

我儿子晓磊今年4岁了，从去幼儿园的第一天他就不断哭闹，不愿参加任何活动，整整折腾了好几天，让家长和老师都很头疼。

晓磊是没离开过家吗？不是，此前孩子去过托儿所。令人奇怪的是，晓磊在原来的托儿所表现却很好，活泼能干。按理说，托儿所的小朋友进入幼儿园，其适应能力应比不入托的孩子强。可他为什么这样？

——晓磊妈妈的烦恼

听听专家怎么说 **入园是锻炼适应能力的契机**

原来，晓磊在托儿所时年龄最大，各方面的能力都比较强，经常得到老师的赞扬，小朋友们也很顺从他，凡事以他为王。可是，进入幼儿园后，他发现自己什么都比不上别的小朋友，再也不能为王了。于是，一个几岁的孩子，只好以哭闹来表示他的苦恼了。

从心理学角度分析，晓磊的情况就是入园生活让他出现了适应困难，不过，他的适应困难不是一般的陌生环境，后面我们再具体分析。不管怎样，也是入园带来的适应困难。可见，培养孩子的适应能力非常重要。

所谓适应能力，就是人根据生活环境进行自我调整，以便和环境保持平衡的能力。这是一种基本的生存能力。在今天，不仅时代发展带来了生活方式的纵向变化，而且人口流动也带来生活方式的横向变化，这必然给孩子们带来影响。孩子的适应能力问题更突出了，我们更应该关注孩子适应能力的提高。

本来，适应能力是孩子身上的一种潜能。我们的家庭教育应该把孩子的这种潜在能力更好地挖掘出来。而适应能力的挖掘，绝不是可以口头说教就行的，必须要结合生活实践的锻炼。孩子入园，正是锻炼孩子适应能力的一个契机。

专家教你这样做 挖掘潜能要结合生活实践

由于具体原因不同，孩子入园出现适应困难的表现也有所不同。我们应该针对不同情况对症下药。

用科学方法训练孩子的生活习惯。巍巍是幼儿园大班的小朋友。两个月前，巍巍得了一场病，不得不在家里休息了两个多月，外婆外公简直把巍巍全方位保护起来了。巍巍也就习惯了什么都由别人伺候和懒散的生活。结果，巍巍再去幼儿园，不能适应那里的生活了，让父母头疼了一阵子。

针对这种生活环境变化导致的适应困难，家长应帮孩子做好心理准备。一是做好态度的准备。比如孩子要入园，特别是重新入园，一定要提前和孩子谈好。态度到位了，自然就容易适应了。二是做好习惯的准备。比如，休假的日子快结束了，就不能由着孩子睡懒觉了，看电视要有节制。巍巍休病假的后期，就应该进行这方面的训练。再如，孩子要换幼儿园了，事先也应该训练一些与新环境相适应的生活习惯。

帮孩子适应社会角色的转换。开头案例中的晓磊，就是角色变化导致的适应困难。针对这种情况，家长需要认识到，生活中每个人总是扮演着各自的角色。人际环境的变化，也就导致了社会角色的变化。晓磊就是遇到了这样的角色变化，往日的大王成了小字辈，地位下降了。好多幼儿园的小朋友升入小学后，也会感到地位下降。可这时候父母却说他们长大了，他们在家人眼里的地位却上升了。这一降一升，角色心理出现严重冲突。于是，孩子出现了暂时的适应困难。

我们应该怎么办？一是利用角色游戏。比如让孩子分别扮演"大哥哥"或"小弟弟"，掌握角色变化后的行为规范，以适应社会角色的转换。二是利用新奇效应。孩子都有新奇心理，借以让孩子重建信心，树立新的自我形象。三是调整角色期望。在角色变化的适应期，父母不要对孩子提过高的要求，应遵循小步子原则，引导孩子慢慢适应。

鼓励孩子与伙伴交往。女孩丝丝上幼儿园大班了，可还是怕见生人。每次她跟妈妈到了单位，一句话也不说，谁问急了就躲到妈妈身后掉眼泪。丝丝从小是爷爷奶奶带大的，很少串门，也很少有伙伴来家里玩。刚上幼儿园的时候，她每天总要哭，不让家长离开。家里来了客人，她也总是要躲开，更不愿出去和伙伴玩。父母发愁的是，以后孩子可怎么办？

丝丝的适应困难，就是因为缺乏人际交往能力造成的。家长必须注意培养孩子的人际交往能力。一是家长做孩子交友的榜样。二是鼓励孩子与伙伴交往。可以引导孩子邀请伙伴到家里玩，也可以叫孩子走出去，与伙伴做游戏。三是教给孩子交往的技巧。比如，教孩子养成主动打招呼的习惯，学会把玩具与伙伴共同享用，等等。

适应能力应该从小抓起。天天是个3岁的宝宝。这个年龄的宝宝应该喜怒哀乐都有了，可天天脸上却总是呆呆的。天天的妈妈工作太忙，顾不上和孩子交流。现在每天除了妈妈可以抱，别人一抱他就哭。在亲戚家里人多了，他就哭闹着要走。家长认为送到幼儿园就好了，可天天还是每天呆呆的。

这个案例告诉我们，适应能力应该从小抓起，做好早期的基础训练。一是增进母婴交流。妈妈不要觉得刚出生的孩子还什么都不懂而忽视了与孩子的交流。妈妈应在喂奶时和孩子说说话，与孩子有肌肤之亲，增进母子间的交流。二是增进同伴交流。父母不能怕孩子寂寞老是陪伴着他，最终使孩子离不开父母。组织两三个家庭的孩子在一起玩耍，是个很好的办法。

积极暗示孩子要勇敢。 入园第一天，还没等孩子哭，妈妈先泪流满面了。这也是强烈的消极暗示。父母的消极暗示会转化为孩子的消极自我暗示。结果呢？本来没问题的孩子也会出现适应困难。因而，父母应该特别注意，一是把对孩子的消极评价从自己的词典里删除，给孩子贴一个"好标签"。二是给孩子做一个好榜样，让孩子得到积极的暗示，增强适应的勇气。

教孩子学会与伙伴分享。 晓海已经5岁了，可总是不能适应幼儿园的生活。他整天和伙伴们闹冲突，今天和这个打起来，明天和那个吵起来。在一个班级日子久了，慢慢地好像矛盾才少一些了。其实是大家不理他了，没有一个愿意做他的好朋友。晓海自己也时常为没有好朋友而难受。晓海的适应困难，是过度自我中心造成的。过度自我中心的突出表现，就是心中只有自己，不会替别人着想。这必将导致人际冲突，带来人际环境的适应困难。关键就是教孩子心中有他人。具体做来，家长必须从小事抓起进行培养。比如，吃饭时让孩子和大家一样，不单独为孩子起"小灶"。再如，教孩子把可口的东西让爷爷、奶奶先吃。又如，同学病了，教孩子去看看；伙伴之间有了矛盾，多替对方想想等。

从小培养孩子的独立性。 女孩娇娇已经6岁了，穿衣、吃饭还要人伺候，整天光知道在家里撒娇。娇娇到幼儿园里就哭，说幼儿园这也不好，那也不好。原来，娇娇家里条件特别好，吃得好穿得好，要什么有什么，冷热有空调，出入坐汽车。爷爷奶奶在家照顾还不够，还专门请了保姆伺候。习惯成自然，于是，到幼儿园后娇娇就受不了了。适应能力与个性有密切关系。适应能力差的孩子，往往有个性问题，如娇气、不合群、独立性差、心理承受能力差等。因此，家长必须注重培养孩子良好的个性特征。一是给孩子创造一些吃苦的条件，磨炼他良好的个性，提高他对环境的适应能力。二是凡孩子自己能动手动脑的，成人不要越俎代庖，从小培养孩子的独立性。三是考虑到孩子的个性特点。比如，黏液质的孩子就不如多血质的孩子更容易适应环境的变化，这是先天神经活动特征决定的。所以，对黏液质的孩子要适当减少不必要的生活变化，以免给孩子增加心理负担。

如何不再"押送"孩子入园

　　我儿子3岁上的幼儿园，是班里几个最小的孩子中的一个。刚送他去幼儿园的时候，家里人一致认为他会比较顺利地适应，并不担心。出乎意料的是，入园前两周，我们每天都是"押送"他去的幼儿园，儿子哭闹得厉害。

　　入园第二天，我走了以后，儿子哭闹打滚，老师使劲抱住他，他就狠狠地对老师说："我要咬你！"老师说："看哪块肉好就咬吧，你咬我，我也咬你，看谁咬得过谁。"儿子没招了，只好说："我不咬了！"过一会儿，儿子眼珠一转说："放我下来，我不哭了。"老师刚松开他，他就往门口冲了过去。老师这回抱住他就再也不放了。下午接孩子时，老师跟我详细叙述此事，让我回去安抚一下。

　　那次以后，儿子就总说老师厉害，怕她，不愿去幼儿园。我心里也犯嘀咕：老师这么厉害怎么办？有一天中午我来到幼儿园，看见老师正抱着一个孩子坐在床边，静静地哄着，满脸的慈爱。我颇受感动，我想，这是一个富有爱心的老师，把孩子交给她应该放心了。

　　转眼，儿子进园一晃两个月了，变化挺大。首先就是礼貌用语多了，与人说话总是带个"请"字，做了错事马上就说"对不起"。其次是开始学会关心大人了，主动给别人端茶端水，还经常拿着抹布东擦擦西抹抹。最后是劳动意识增强了，自理能力也有了进步，穿脱衣服、吃饭、收拾玩具、大小便都自己来，让我省了不少心。幼儿园的集体生活锻炼了儿子的交往能力。入园头两天，儿子哭闹的时候，老师为了分散他的注意力，就给他布置了任务：每天认识几个好朋友，还要叫出他们的名字来。所以，第二周他就能说出十几个同班小朋友的名字，而且说都是自己的好朋友。

儿子越来越适应幼儿园生活，再也不用押送了。作为家长，一颗悬着的心总算可以放下来了。

幼儿园迎新年亲子活动这天，我和他爸爸都去了。家长们都很高兴，孩子们玩得更开心。我知道，孩子会越来越喜欢幼儿园的。

——宝妈的感悟

听听专家怎么说　阵痛过后是喜悦

孩子在幼儿园所受到的集体教育，是家庭无法给予的。在幼儿园，孩子要学会与同龄人交往，学会与人合作，享受集体活动的喜悦和幸福。在幼儿园里，孩子的身心发展会得到很多方面的提升，这是不可估量的。

虽然开始入园时孩子可能不习惯，甚至又哭又闹，但是这都不是孩子逃避入园的理由。面对新生活，人总要有个适应期，何况孩子第一次离开爸爸妈妈。适应期不过是一个阵痛。阵痛过后是喜悦，阵痛过后孩子就会喜欢上幼儿园。

当然，如果孩子新入园又哭又闹，家长也不能不放心上。遇到这种情况，家长怎么办？上面的案例给了我们很好的启示。

专家教你这样做　孩子一哭闹就打退堂鼓是不行的

父母要做理智的家长。很多孩子新入园的时候都会哭闹，如果孩子一哭闹，家长心一软，就不让孩子去了，就会给孩子的发展留下后患。而且，过不了这一关，后面的麻烦更大。如果这样三天打鱼，两天晒网地拖到上小学，那么上学就会给孩子造成极大的挫折感，孩子可能就会产生厌学情绪。所以，如果孩子新入园时又哭又闹，父母一定咬咬牙，万不可孩子一哭闹就打退堂鼓。这样，才能帮助孩子很快度过入园的阵痛期。

家长不要偏信孩子的话。有些孩子回家后，会说幼儿园老师这样不好那样不好。如果家长听了就信，这是比较轻率的，而且对孩子成长也不好。家长需要经常和幼儿园老师进行沟通，或者从侧面多做些调查。如果孩子说得不准确，就要耐心疏导孩子。如果真如孩子所说，可以和老师适当进行沟通，实在不行，也可以考虑换家幼儿园。

让孩子在互助氛围中成长

有一天我去幼儿园接儿子，因为有事耽搁，迟到了几分钟。当时教室里只剩下儿子和一个小女孩在焦急地等待家长来接。

看到我走进教室，儿子欢呼着站起来，扑到我怀里撒了阵娇，就向门外走去。走到教室门前，他忽然拉着我的手站住了，回过头，看了看仍坐在原处的小女孩。小女孩正盯着我们的背影，眼神里有凄楚也有羡慕，在目光相接的瞬间，小女孩把头扭开了。

"她妈妈还没来，我们陪她一起等吧！"儿子对我说。

"好啊，我们陪她。"我欣然应允，心里暗暗地感到高兴，儿子终于懂事了，知道关心别人了。我从包里拿出两块巧克力，一块给了儿子，另一块递给那女孩。

女孩瞪大眼睛，并没有伸手来接，迟疑片刻还是摇了摇头："阿姨，妈妈不许我随便拿别人的东西。"女孩的眼睛分明在说，她很想得到这份礼物。

"收下吧，没事的，我妈妈肯定是好人。"儿子鼓励道。

就在女孩鼓起勇气接过巧克力的时候，女孩的妈妈来了。那是个相当严厉的妈妈，她用不满的眼神注视着女孩。女孩显然畏惧了，再次把巧克力递给我："阿姨，妈妈说了，别人的东西不能要。"说完之后，女孩又怯生生地看了她妈妈一眼，无声地离开了。

女孩当时复杂的表情，混合着畏惧、无奈与留恋……

——宝妈的感悟

每个孩子都离不开伙伴的帮助

这样的事例在我们周围经常发生。家长从小就培养孩子不伸手索取、不随便接受馈赠的习惯，应该得到理解和支持。教育孩子不上坏人的当，也不算错。增强孩子自立自强的精神，增强孩子自我保护的意识，在今天也是十分必要的。但是，我们不能忽略另一个道理，孩子的健康成长，离不开其他人的关爱、呵护和帮助。正所谓，人字的结构是互相支撑的。

如果家长从小教育孩子，除亲人之外不相信任何人，一味排斥、拒绝他人，那么长此以往，在孩子身上养成的所谓自尊与独立，必然包含了更多的冷漠与孤僻。自尊，不是自我封闭，独立，不是自我孤立。封闭的心灵、孤立的人，很难经得起未来岁月的风吹雨打，又何以让他们日后在社会上立足和生存？

爱，是陪孩子行走一生的行李

孩子只有沐浴在爱的阳光下，笑容才会更灿烂。只有在满含情感和关爱的氛围里，孩子才会真正感受到爱，继而学会怎样去爱别人。只有在接受帮助和帮助别人的过程中，孩子才会逐渐明白做人的道理，并一步步完善自己的人格。

这是孩子心灵健康成长的规律。

案例中那个无可奈何的女孩，如果她妈妈能够鼓励她接受礼物，然后教她说声"谢谢"，那么，她的表情一定不会如此怅然，她的心灵一定会多一缕阳光。

孩子本来就是爱的结晶，而他们的成长更离不开爱的滋润与熏陶。所以，为人父母，首先应该教会孩子接受爱，继而让他们领悟爱、鉴别爱、回报爱。家长朋友们，如果你爱孩子，就请在他们成长的道路上，不要让孩子拒绝帮助，给他们一个说"谢谢"的机会，让他们在互助的氛围中健康成长。

孩子住宿or不住宿幼儿园？

我有一个4岁的男孩，该上幼儿园了。如今，为了孩子的成才，家长什么都舍得，大家都想找教育条件好的幼儿园。由于我们在农村，为了让孩子更好地学习，就把孩子送到了城里的一个幼儿园。这样，孩子就要长期食宿在那里了。虽然我们随时都可以去看，但路途遥远，孩子也要十天半个月回来一次。我不知道孩子长期离家好不好。孩子已经去了一个月，每次见面，孩子就哭，不愿意去。说心里话，我也是想孩子，每天晚上都掉眼泪。这可怎么办才好？

——宝妈的烦恼

听听专家怎么说 缺乏母爱影响孩子心理健康

家长关注孩子的教育是好事，为孩子的成才选择好的幼儿园也是对的。但是，把一个几岁的孩子送到外地，让孩子远离父母亲人，承受那么多痛苦，是不是有好处呢？

美国的两位心理学家曾专门研究母爱对后代有什么影响。他们想知道如果个体在小的时候缺乏母爱，那她长大后是否能成为一个好母亲。为了回答这个问题，他们设计了专门的实验。出于伦理方面的考虑，这个实验没有以人作被试。因为如果把一个人从一生下来就与她的母亲隔离开，剥夺她的母爱的话，很可能会对她心理上造成不可恢复的影响。所以，他们的实验对象是猴子。

他们一共观察了9只猴子的行为。这些猴子出生以后，就不许和自己的母亲接触。看它们长大后有什么表现。这些猴子大约在4岁时，各自有了头胎婴儿。实验的结果很是发人深思。9个母猴之中有7个母猴的行为完全不像一个母亲。它们一直都躲着自己的孩子，拒绝喂养孩子。它们虐待自己的孩子，甚至达到危及孩子生命的地步。有的咬自己的孩子，有的把孩子的脸和身子在地板上挤压，有的使孩子吃惊地猛烈打滚，这让实验者十分担心小猴的生命。直到第五个星期，小猴才接触到母猴的乳头，在实验者非常用心的照料下，小猴才活过来了。尽管受到这样的虐待，每一个小猴还是坚持要厮缠着它的母亲。但是，它们只能趴在母猴的背上，而不是像正常情况下厮缠在母猴的前面，因为它们怕受到母猴的攻击。实验结果表明，从小没有得到母爱的猴子，长大后不能表现出正常的母爱。就是说，缺乏母爱影响到了它们的心理健康。

专家教你这样做 / 家庭的温馨是最好的精神营养

虽然这个实验的对象是猴子，但是也启示我们，母爱是最好的精神营养。如果从小缺乏母爱，人的心理发展就会受到消极的影响。其实，对孩子的心灵成长来说，家庭的温馨是最好的精神营养。母爱亲情给孩子的心灵注入的养分才是最好的教育，所以还是应该以母爱为重。

对学前儿童来说，学习不是主要活动。这时候，玩是孩子的天职，玩是最好的教育。孩子又何必远离母爱去受什么"教育"？最好的教育是让孩子心灵健康成长。

小学生活vs幼儿园生活

我的儿子就要上小学了，幼儿园的老师说孩子很聪明，上学肯定没问题。所以，我们对于上学这件事一直没放心上，还是放任儿子每天自由玩耍，没做什么准备。现在，儿子最多认识50个字。我心想，不就一年级嘛，有什么难的，老师自然会教的。

前两天，我碰到一个一年级学生的家长聊了聊，一聊简直吓一跳。他在孩子上小学前也和我一样，没操心过。但他的孩子上了一年级后，跟不上进度，特别是语文，老是在班里排最后几名。其他在上小学前读过学前班的孩子，明显就很轻松。他打算让自己的孩子再重读一年级。他说，上小学前至少要让孩子认1000个字。听他说完，我浑身冒汗，上个小学一年级至于那么累吗？现在我该对儿子做些什么？

——宝妈的烦恼

听听专家怎么说 给予关注，让孩子顺利度过"幼小衔接"

上面的案例反映了一个"幼小衔接"的问题，也就是孩子从幼儿园升入小学的过渡教育问题。如果家里有一个将要从幼儿园进入小学的孩子，家长确实应该对这个问题有足够的关注。这是因为，小学生活与幼儿园生活确实存在很多不同。

生活节奏不同。幼儿园在作息时间上相对宽松灵活，而学校要求就很严格了。孩子在校时间长，早晨上学时间提早，孩子不能睡懒觉，不能拖拖拉拉，不能随便迟到。学习活动也安排得更紧凑了，每一个具体的时间都有具体的事情，每一个环节都要去参与。如果家长没有提前对孩子进行调整和训练，有些孩子就会产生不适应现象。

学习环境不同。首先，小学的教室不像幼儿园那样充满童趣和温馨，取而代之的是严肃的黑板、宽大威严的讲台、排列整齐的课桌椅，使孩子多了一些紧张感。其次，陌生的校园、陌生的教室、陌生的老师，还有陌生的同学，在给孩子带来新奇感的同时，也会给孩子造成情绪上的焦虑和不安。

学习内容不同。幼儿教育是以智能的开发为主的，注重对孩子各方面能力的训练。因为没有硬性的要求和考核，老师比较宽容，孩子即使表现得差一点也没关系。在幼儿教育中，无论教材还是内容，都是丰富多彩的、趣味性极强的，很容易学，孩子也爱学。到了小学就不同了，大量的文字、数字和符号代替了图片，学习内容难度加大，老师要求也提高了。这些都会导致孩子对学校学习生活的不适应。

学习方式不同。首先，学校的教学活动不再以游戏为主，而是以学习为主，强调对学生进行系统的文化知识的教育和听、说、读、写、计算、应用等基本技能的训练，需要孩子具有一定的刻苦精神。其次，进入小学以后，无论是生活还是学习，都强调班集体的统一。最重要的就是，孩子要承担一定的学习任务，要完成一定的作业。这些都有可能使孩子感到不适应。

师生关系不同。幼儿园老师对孩子的照顾无微不至，而小学老师对孩子生活上的照顾就减少了。课间不再有老师组织，孩子要自己分配时间，自己参加活动，自己处理力所能及的问题。这也会让孩子产生一定的紧张和焦虑。

告诉孩子：要这样适应新角色

有的家长说：我的孩子认识1000个字了！我的孩子把一年级的数学都学差不多啦！以为这就算搞好了幼小衔接。殊不知，这样的幼小衔接出问题了！就家庭来说，做好幼小衔接工作，主要不是帮孩子准备知识，而是帮孩子顺利地适应从幼儿园到小学的变化，适应即将开始的新生活。为此，家长应给孩子哪些指导呢？

养成好习惯，熟悉新角色。小学一年级新生，常常有不注意听讲、时间观念差、依赖性强等小毛病。家长可以通过有针对性的培养，让孩子提前熟悉新角色，为迎接即将开始的小学生活做好准备。首先，培养孩子专心做事的良好习惯。比如，有意识地让孩子坐下来看看图画书，或在一小段时间里集中精神做一件事，从5分钟到10分钟，慢慢培养集中精神做事的习惯。其次，培养孩子必要的挫折承受能力。幼儿园老师多是给孩子鼓励，孩子到了小学难免会受到老师的批评，就可能受不了了。家长应有意识地让孩子受点挫折，培养承受挫折的能力。

培养好心态，适应新生活。许多刚升入小学的孩子，还难以改变爱动爱玩的习惯，难以适应课堂学习。家长应提前给孩子打"预防针"，使孩子明白自己长大了，要做得更好，同时，帮助孩子客观分析自己的长处和短处，激励孩子不断向新目标努力。家里还应为孩子准备写字台、书架、台灯等，给孩子创设一个学习的环境。家长也应该协助老师，逐步培养孩子良好的学习习惯。比如，教孩子每天回家后，先认真完成老师布置的作业，第二天能将作业及时地交给老师。

调好生物钟，跟上新节奏。幼儿园的孩子中午睡午觉，有时还迟到早退。一进小学，孩子可能最不习惯的就是午睡时间少了。因此，在上小学前的一段时间里，家长要帮孩子提前调整好生物钟，参照小学一年级的作息时间表，来安排孩子每天早起、午休和睡觉的时间等。提前把生物钟调好了，会使孩子比较容易适应入学后的学习生活节奏。

做好自己和结识新同学。孩子入学后首先要做好自己的事情，扮演好自己的角色。此外，还有一个如何与新同学相处的问题。因此，孩子入学前的暑假里，家长要有意识地让孩子与同龄伙伴一起活动，提前找找"同学"的感觉。比如，可以让孩子和小区里的同龄伙伴多接触，多玩耍，也可以创造机会让孩子与亲友家的同龄孩子多亲近，多交往。这样，孩子入学后就比较容易和同学相处了。

附 录

亲子心理测试

想更了解你的孩子，先做几个心理测试吧！

测试一：你的孩子心理健康吗？

导语

你的孩子心理健康状况如何？请看看下面的15个问题，再对照一下自己的孩子，然后回答"是"或"否"。

问题

1. 孩子能否轻易被逗笑？

2. 孩子是否经常耍脾气？

3. 孩子能否安定地躺下睡觉？

4. 孩子是否总把家人激怒？

5. 孩子是否挑食？

6. 孩子的饭量是否稳定？

7. 孩子吃饭时是否经常耍脾气？

8. 孩子有没有要好的小朋友？

9. 孩子是否经常失去自制力？

10. 孩子是否总是需要看管？

11. 孩子是否能够做到夜间不尿床？

12. 孩子是否有吮手指的习惯？

13. 孩子是否经常抽噎啜泣?

14. 孩子能否安静地独自呆一会儿?

15. 孩子是否有恐惧心理?

评析

题号1、3、6、8、11、14选"是",记1分,选"否"记0分;题号2、4、5、7、9、10、12、13、15选"否",记1分,选"是"记0分。最后,统计得分。

得分在11分及以上

孩子心理很健康,值得欣慰。但是,父母也不能因此放松对他的要求。父母从小培养孩子的良好习惯,可激发孩子将来在生活和学习中更大的潜力。

得分在6~10分

孩子心理健康中等。孩子成长的道路不可能是一帆风顺的,父母应注意磨炼孩子的意志,提高孩子的抗挫折能力。父母还要创造条件让孩子体验成功的喜悦,这有利于培养孩子的积极而健康的心理状态。

得分在6分以下

孩子的心理健康状况较差,这可能是由多方面的原因造成的。家长可以针对孩子相应的弱点,有耐心地寻求解决的方法。比如,家长为孩子树立模仿的榜样,时时以自己乐观向上的情绪去感染孩子,多带孩子去参加集体活动,培养孩子与人合作的意识,增强孩子的合作能力。

测试二：你的孩子是哪种依恋类型？

导语

请看问卷中每道题目和孩子的情况是否相符，相符的记1分，不相符的记0分。如果孩子的主要抚养者为其他人，如爷爷奶奶时，问卷中的妈妈应换作爷爷奶奶。

问题

1. 与妈妈分离时，孩子会哭泣或表现出不安，但能很快安静下来。

2. 妈妈回家时，孩子仍专注于自己的活动，很少表现出很高兴的样子。

3. 孩子喜欢缠着妈妈，不愿意自己一个人玩耍。

4. 孩子哭闹或受惊吓时，在妈妈的安慰下能很快安静下来。

5. 虽然是陌生人的逗弄，孩子仍会露出笑容。

6. 孩子与妈妈分离时，表现出强烈的不安，哭闹个不停，很难平静下来。

7. 妈妈回家时，孩子会很高兴，喜欢与妈妈一起玩，愿意和妈妈分享玩具与食品。

8. 孩子对妈妈的离开漠不关心，很少表现出悲伤、不安的情绪。

9. 即使在家中，孩子也很难接受陌生人的亲近。

10. 孩子去新的环境，刚开始可能比较拘谨，但不到几分钟就可独自玩耍。

11. 孩子能够很容易地让不熟悉的人带出去玩。

12. 陌生环境中，虽然妈妈在身边，但仍很拘谨，孩子不愿独自玩或与小朋友一起玩。

13. 孩子能在妈妈身边独自玩耍，不时会向妈妈微笑或与妈妈说话。

14. 孩子与妈妈在一起时，很少关注妈妈在做什么，只顾自己玩玩具。

15. 与妈妈重聚时，孩子紧紧缠在妈妈身边，生怕妈妈再次离开，怎么安慰都没用。

16. 在妈妈的鼓励下，孩子能比较放松地在陌生场合表演节目。

17. 孩子一般不会主动寻求妈妈的拥抱或与妈妈亲近。

18. 孩子在哭闹时，要花很长的时间才能平静下来。

19. 在妈妈的鼓励下，孩子能很快和陌生的成人玩耍或说话。

20. 孩子不怕生，第一次去别人家里，就能自在地玩耍。

21. 与妈妈重聚时，孩子有时会表现出生气、反抗、踢打妈妈的行为。

评析

以上题目分为三组，1、4、7、10、13、16、19是测试安全型依恋的题目；2、5、8、11、14、17、20是测试淡漠型依恋的题目；3、6、9、12、15、18、21是测试缠人反抗型依恋的题目。将三组题目的得分各自相加，哪组得分最高即代表孩子属于哪种依恋类型。

安全型依恋

这样的孩子具有很强的探索欲望，能主动与别的小朋友分享玩具，友好地在一起玩耍，很少有反常的行为问题。这样的孩子得到了妈妈爸爸恰当的照料和教养。

淡漠型依恋

这样的孩子容易出现外显的行为问题，如攻击性比较强，经常抢夺别的小朋友的玩具，欺负别的小朋友等。妈妈爸爸往往忽视孩子的生理和心理需要，因此，孩子发出的需求信号经常遭到冷遇，久而久之，孩子对妈妈爸爸的感情也变得冷漠了。

缠人反抗型依恋

这样的孩子容易出现内隐行为问题，如情绪抑郁、胆小、退缩、缺乏好奇心和探索欲望等。妈妈爸爸对孩子的需要，特别是要求亲近的反应往往缺乏一贯性，有时对孩子很亲近，有时又很冷漠，使孩子无所适从，对妈妈爸爸缺乏信赖感，也缺乏在新环境中探索的安全感。

心理学研究表明，家长的教养方式决定了孩子的依恋类型。为了让孩子形成安全健康的依恋，妈妈爸爸就要在孩子需要帮助和安慰时能及时发现，并给予适当的帮助和情感上的支持，经常鼓励孩子独自玩耍和活动，鼓励并示范孩子对陌生人表示友好，从不欺骗孩子。只要有爱心、耐心、细心，就会抚养出健康快乐的孩子。

测试三：你们的亲子关系好不好?

导语

你和孩子的关系如何? 也许作为父母, 往往会自我感觉良好。下面的测试对了解亲子关系会有帮助。请在每个问题后面的备选答案中, 选择一个符合自己情况的。

问题

1. **你每天至少有2个小时同孩子在一起游戏和玩耍吗?**

   A. 有, 有时多, 有时少。

   B. 只有休息日。

   C. 没有, 太忙, 事儿太多。

2. **你能经常原谅孩子的过错, 以后再也不提吗?**

   A. 是的, 总是这样做。

   B. 那要看孩子是什么错。

   C. 为了教育孩子, 经常提起。

3. **禁止孩子做某件事, 你会向他解释清楚理由吗?**

   A. 是的, 绝对解释清楚。

   B. 只是简单地说"不行"。

C. 不解释，孩子应该绝对相信并服从我。

4. 你认为孩子听话吗？

A. 是的，是这样。

B. 一般还算听话。

C. 很苦恼，孩子经常我行我素，不听话。

5. 家里有孩子能自由支配的空间吗，如一个房间或一个角落？

A. 有，完全归孩子支配。

B. 有时候，有时候没有，不固定。

C. 还没考虑过。

6. 你是否经常对孩子动手？尽管打得不重。

A. 从来没有。

B. 有时候会打。

C. 经常动手，有时轻，有时重。

7. 你正忙家务时，有没有耐心听孩子讲他感兴趣的事儿？

A. 把家务先放一放，专心听孩子讲。

B. 有时候听，有时候不听。

C. 告诉孩子正忙，没空听他讲。

8. 你是否认为孩子应该履行自己的责任，如在家里收拾房间打扫卫生？

A. 是的，孩子必须这样做。

B. 睁一眼闭一眼。

C. 从来不要求孩子。

9. 你是否坚持要求孩子对你讲他的任何心里话？

A. 从来不。

B. 有时问问也不算什么。

C. 是的，我总是这样。

10. 你会经常失去自控，严厉斥责孩子吗?

    A. 从来不。

    B. 有时控制不住自己。

    C. 经常这样。

评析

以上问题，选A得5分，B得3分，C得1分。然后统计得分。

10～21分 亲子关系较差

你们的亲子关系问题很严重。也许孩子还小，你没觉得你跟孩子实际上是互不理解的，但会埋下亲子冲突的隐患。你也许把重要精力放在了孩子的生活上，但是对孩子的心理缺少关心。建议了解一下各个年龄段儿童心理特点的知识，以便改进亲子关系。

22～35分 亲子关系一般

总的来说，你跟孩子的关系还不错，但你不是一惯这样要求自己，也许是太忙了，也许是心情不好会影响你做事。你还要积极调整，继续努力，增进你和孩子的心理关系。

36～50分 亲子关系较好

你注重同孩子交流感情，尊重他的个性。你跟孩子交往通情达理，关系融洽。理解是相互的。孩子会尊重你的看法，就像你对他那样。你应受到赞扬，继续努力。

测试四：你是个好妈妈或好爸爸吗？

导语

你是不是好妈妈或好爸爸？下面这个测试可以帮你做一个初步的判断。请在下面问题后面的备选答案中选一个与自己的情况相符合的。

问题

1. 如果带孩子去陶艺工作室玩泥巴，没想到孩子上瘾了，不肯和你回家，你会怎么办？

    A.强行带走。   7分

    B.那就继续玩吧。   1分

    C.先带孩子回家，然后买橡皮泥给宝宝玩。   5分

    D.不能玩了，用冰激凌作为回家的交换物。   3分

2. 孩子的生日，你送了他一个玩具总动员的巴斯光年遥控车，但是孩子想拆了它，你会怎么办？

    A.当然不行，这可是花钱买的。   7分

    B.告诉孩子损坏东西是不对的，不许拆。   3分

    C.随他去吧。   1分

D.拆了可以，但是必须能装回去。　　　　　　　　　5分

3. 如果孩子就要开始接触网络了，你为他选择了视频频道作为上网的第一站，你会怎么引导孩子的网上生活呢？

A.找个内容不错的视频网站，就让他自己看吧。　　　1分

B.和孩子一起看，边看边交流。　　　　　　　　　5分

C.把看动画作为奖励，孩子表现好就能上网看视频。　3分

D.孩子自己看，但是要把视频中的故事讲给你听。　　7分

评析

17分~21分 领导型父母

你在职场中处处要强，回家之后也不允许孩子有不听话的行为。你会将孩子的一切按照你认为的最好的方式安排得妥妥当当，如果孩子在执行的时候有不如你意的地方，你会立即镇压。也许你认为你已经给了孩子最好的，但是，你这样的教育方式完全限制了孩子的个性发展。现在开始和孩子平等相处吧。

10分~16分 朋友型父母

与其说你和孩子是亲子关系，不如说是朋友更加合适。你一直在努力和孩子之间建立一种平等的关系，就如同好朋友一样。你相信孩子有独立思考的能力，并引导孩子使用这种能力。你要求孩子对自己的行为负责，告诉他社会的秩序和应有的责任，请坚持你的教育方式吧。

5分~9分 物质型父母

美味的冰激凌、新颖的玩具、有趣的动画片等孩子喜欢的东西，是你控制孩子的有力武器，不听话，就别想得到。这样的方式有点像驯兽师在训练动物，但是孩子不是动物，用这种方式很容易引起后遗症，让亲子间的感情只能

依靠物质来维系，要慎重啊！

4分及以下 好好型父母

此"好"非彼"好"，不管孩子要做什么，都无条件接受的好好型父母，绝对不是好父母。你是在纵容孩子，已经开始向溺爱的方向发展了。要知道，你的教育方式很容易让孩子染上骄纵的性格。一定要注意引导，让孩子认识到社会需要秩序才是最重要的。

测试五：父母是怎样的关系类型？

导语

　　面对下述各种情况，父母采取哪一种处理方法？请在备选答案中选出最贴切的一个打"√"。如果不太容易选择，就选择最相近的一个。

问题

1. 孩子做错事时：

　　A. 主要是父亲责骂，母亲袒护。　B. 主要是母亲责骂，父亲袒护。

　　C. 父母一起责骂。　　　　　　　D. 几乎都不责骂。

2. 孩子说食物不好吃时：

　　A. 父亲不耐烦地说能吃就行了，母亲几乎不说话。

　　B. 母亲不耐烦地说能吃就行了，父亲几乎不说话。

　　C. 父母都不耐烦地说能吃就行了。

　　D. 父母几乎都不说话。

3. 孩子要求得到超过规定数量的零用钱时：

　　A. 父亲不理，母亲偷偷地给。　　B. 母亲不理，父亲偷偷地给。

　　C. 父母都不给。　　　　　　　　D. 父母经常满足孩子的要求。

4. 孩子写字不好时：

　　A. 父亲严厉地责备，母亲鼓励。　B. 母亲严厉地责备，父亲鼓励。

　　C. 父母都严厉地责备。　　　　　D. 父母都勉励下次加油。

5. 孩子回家晚了时：

　　A. 父亲严厉地斥责，母亲袒护。　B. 母亲严厉地斥责，父亲袒护。

　　C. 父母都严厉地斥责。　　　　　D. 父母都不斥责，却非常担心。

6. 在孩子的礼貌教育上：

　　A. 父亲很严格地教导，母亲不常说。

　　B. 母亲很严格地教导，父亲不常说。

　　C. 父母都很严格地教导。

　　D. 父母都不常说。

7. 孩子做出不让父母知道的事时：

　　A. 父亲严厉地追查，母亲和颜悦色地问原因。

　　B. 母亲严厉地追查，父亲和颜悦色地问原因。

　　C. 父母都严厉地追查。

　　D. 父母都和颜悦色地问原因。

评析

计算一下哪项备选答案上打"√"最多，就是你们的父母关系类型。

A最多　父严母慈型

这样的家庭中，父亲非常有威严，全家人都觉得他令人畏惧，却又信赖他，依靠他。母亲非常温柔慈祥，对孩子十分疼爱，孩子受到父亲责备时，就适时地安慰孩子，在父子之间起缓冲的作用，能安定孩子的心。像这样，父母对孩子的态度不同，常常是父母责任分明、协调合作的表现。从而，男孩子可以从父亲身上学到男子气概及刚毅精神，女孩子则可以从母亲身上学到温柔贤淑的品质。

B最多　母严父慈型

这样的家庭中，母亲非常唠叨，对孩子的什么事情都加干涉，如果孩子不听她的话就会大发雷霆。父亲则不太过问孩子的事，但在与孩子的沟通上却比母亲强，常扮演了调停母子冲突的角色。这固然有可取的一面，但父母常规的角色形象错位，会给孩子人格发展带来不好的影响。因此，母亲尽可能多操心些，但父亲也应有点威严，使父母角色扮演恰当。

C最多　父母皆严型

这样的家庭中，父母都强烈地关心孩子，都严格要求和管教孩子。于是会出现孩子白天不听母亲的话，父亲回来后母亲向父亲告状，父亲又责备孩子的情况。这种家庭中，孩子平时必须非常谨慎，表面上虽然服从父母，事实上处于非常压抑的状态。如果这种情绪上的压抑长期不能缓解，以后会出现心理障碍。因此，父母以一致的态度对待孩子固然不错，如果能由父亲或母亲来制造一些轻松的氛围，使孩子有放松的心情，则会更好。

D最多　父母皆慈型

这样的家庭中，父母都很关心孩子，很少责骂孩子，家庭中的活动以孩子为中心，父母都尽可能满足孩子的需求。这样，孩子可以说是生活在幸福之中，但也容易缺乏独立自主性，特别是因为父亲也相当慈祥，男孩子很难发展男性应有的阳刚之气，而容易有女性化人格特征。因此，父亲应慈中有严，以便带孩子走进男性世界，利于孩子形成恰当的性别角色特征。

测试六：孩子入园，
家长的分离焦虑是什么样的？

导语

孩子入园难免会出现分离焦虑，我们也能理解，孩子的分离焦虑是什么样的，其实关键在于父母的分离焦虑是什么样的。在孩子即将开始幼儿园新生活的时候，你的分离焦虑是什么样的？这个测试可以帮助你。看看下面的各种情况与自己是否符合。

问题

1. 送孩子入园后，你总是不能够尽快离开，总想偷偷观察孩子和老师在做什么。

2. 你总是感觉上班的时间比原来过得慢。

3. 你担心电话铃声响，有电话总以为是幼儿园打来的。

4. 听别人说孩子的事，你立刻就想到了自己的孩子。

5. 你担心老师可能不喜欢自己的孩子。

6. 孩子回家后，你总想办法给他吃很多食物。

7. 你总是无条件地满足孩子的任何愿望。

8. 你觉得孩子受委屈了。

9. 你感觉自己的情绪不稳定，容易和别人吵架。

10. 你的睡眠质量下降了。

评析

符合的记1分，不符合的记0分。最后计算总分。

8~10分 过高焦虑

你的分离焦虑过高了，对孩子顺利适应幼儿园生活很不利，要积极调整。你可以坦诚地和老师进行交流，把自己的顾虑告诉老师，与老师共同寻求解决的办法。同时，你也可以与中班和大班孩子的家长多多交流，听听其他妈妈是怎样化解分离焦虑的。

4~7分 较高焦虑

你的分离焦虑比较高，也应该引起重视并作适当调整。与老师保持畅通的交流是十分必要的。同时，以乐观积极的心态想象孩子能够入园了，妈妈该是多么幸福，也有助于淡化分离焦虑。

0~3分 适度焦虑

你的分离焦虑适度，特别是孩子初入园，适度的分离焦虑也是人之常情，不用在意。由于你的理性和智慧，孩子会很快适应幼儿园生活。

测试七：你的家人心理亲和度如何？

导语

　　家人心理亲和度，是家庭心理气氛的晴雨表。你们的家人亲和度怎样？请就下面的10个问题，想想自己家里的实际情况，在备选答案中选择一项适合的打"√"。当觉得无法分辨时，请选择最相近的一项。

问题

1. 家人经常在一起玩游戏吗？

　　A. 经常一起玩。　　　　　　　B. 有时一起玩。

　　C. 很少一起玩。　　　　　　　D. 从来不一起玩。

2. 家人经常一同外出吃饭吗？

　　A. 经常去。　　　　　　　　　B. 有时去。

　　C. 很少去。　　　　　　　　　D. 从来不去。

3. 家人一起外出旅游吗？

　　A. 孩子放假时必定去。　　　　B. 暑假或过年时去。

　　C. 至少是暑假时去。　　　　　D. 几乎从不去。

4. 家人共同分担家务吗？

　　A. 不管做什么事，全家人都同心协力去完成。

　　B. 不刻意分派家务，但全家人都同心协力去完成。

C. 大致上分派家务，但却不遵守。

D. 似乎所有的家务都给母亲做。

5. 全家人一起吃饭吗？

A. 全家人一定一起吃。　　　　B. 全家人尽可能一起吃。

C. 全家人有时会一起吃。　　　D. 大部分都各自吃。

6. 和孩子一起洗澡吗？

A. 尽可能一起洗。　　　　　　B. 很少一起洗。

C. 几乎没有一起洗过。　　　　D. 最好不要一起洗。

7. 家人团聚吗？

A. 晚饭后一定聚在一起。　　　B. 晚饭后尽可能聚在一起。

C. 有特别话题才聚在一起。　　D. 不常聚在一起。

8. 孩子回家后会讲幼儿园的趣事吗？

A. 即使父母不问也会自动讲。　B. 如果父母问就讲。

C. 很少讲。　　　　　　　　　D. 不讲。

9. 晚饭后做什么？

A. 家人在一起喝茶聊天。　　　B. 全家帮忙收拾餐桌。

C. 全家看电视。　　　　　　　D. 各自回自己的房间。

10. 如何庆祝家人的生日？

A. 全家高兴地庆祝生日。　　　B. 吃比平常高档的食物。

C. 不特别注意过生日这件事。　D. 忘记的时候比较多。

评析

上面各题的答案，A记 4分，B记 3分，C记 2分，D记 1分，计算所得总分，看你们家庭属于哪种情况。

33分以上 家人心理亲和度非常高

在你们家庭里，全家人都很团结，不管做任何事情都能同心协力完成，在互不隐瞒和无所不谈的气氛中，悠闲快乐。在这种环境中长大的孩子，一定能充分发展其个性。但是，孩子随着年龄增长，会渐渐跟父母疏远。父母必须经常维持亲子间的沟通，才可以使和谐的家庭气氛长久地持续下去。

26～33分 家人的心理亲和度很高

你们家庭在平常保持着相当平稳的亲密关系，一旦有突发事件就能立刻更紧密地团结在一起。特别是当全家一起旅游时，绝不会出现谁脱队的情形。在这种气氛中，亲子间的沟通也不会有障碍。但是，对家事的分担等方面还有待加强同心协力的态度。

18～25分 家人的心理亲和度欠佳

你们家人有自扫门前雪的倾向，相当不容易团结在一起。如果全家人无法团结协作的话，对孩子而言，他既无法感受家庭和谐的气氛，也容易渐渐有自我中心的倾向。

18分以下 家人的心理亲和度非常缺乏

你们家庭在各自为政的气氛下，家中的每个成员都缺少向心力，同时各自又会感到很寂寞。这对孩子而言绝非是和谐的气氛。请增加全家人谈话的机会，互相协助做家务，享受一同外出吃饭、旅游的乐趣，这些都是增加家人心理亲和度、改善家庭气氛的措施。